FLASHBACKS NO.3

The Flashback series is sponsored by the
European Ethnological Research Centre,
c/o the National Museums of Scotland,
Queen Street, Edinburgh EH2 1JD.

General Editor: Alexander Fenton

HOGGIE'S ANGELS

Tattie Howkers Remember

Ian MacDougall

Tuckwell Press
in association with
Midlothian District Council
The National Museums of Scotland, Edinburgh

First published in 1995 by
Tuckwell Press Ltd
The Mill House
Phantassie
East Linton
East Lothian EH40 3DG
Scotland

ISBN 1 898410 65 8

British Library Cataloguing-in-Publication Data
A Catalogue record for this book
is available on request from the
British Library

The publisher gratefully acknowledges subsidy of the Scottish
Arts Council for the publication of this book

Typeset by Hewer Text Composition Services, Edinburgh
Printed and bound by Cromwell Press, Melksham, Wiltshire

CONTENTS

FOREWORD

This is a women's story, a young women's story. It is a very simple story really. If you had lived in a small town like Dalkeith on the edge of a mining and agricultural area in the 1920s and 1930s, what part would you have played in the ever-present battle against poverty? Ian MacDougall, as always, is a good listener and these voices speak very much for themselves. The reader will find that each interview adds to the picture created by the previous one. It is about earning a living but the picture which emerges is a complex one and the reader needs to keep an open mind and be prepared to have assumptions revised and revised. Jessie Landells opens the collection with a catalogue of cruelty, overwork, abuse, violence and injury. But in case anybody's anger at this story should tempt them into being sorry for her, Jessie ends firmly: 'Aye, sharely. They were guid days'. What did she mean by that? As others speak, the logic of her claim emerges. There were 'good laughs', and above all they liked working 'ootbye'. The alternative was domestic service under the close eye of the ladies of Edinburgh, separated from family and friends by an expensive bus ride.

Of course the reader and the historian must listen to these voices with care. At one time historians looked upon oral history as a specially privileged link to the recent past. In one sense it is, and can give access to many aspects of the recent past, notably in workplace and family, which no other source can give. Oral history is especially important for women's experience as this tends to get less attention in the written record. In another sense oral history needs the same care as a politician's diary, a company report or a newspaper file. Historians now understand a little more about the nature of memory. As people talk about their past, they reconstruct their lives, selecting, justifying themselves to themselves and their listeners. Most of us want to feel we had a reasonable sort of life, and as we grow older tell ourselves that it really did work out quite well. Selection and presentation is influenced by all sorts of factors. The survival of individuals is the most obvious. It is impossible to interview the dead and difficult to interview those who left the communities being studied. It is the women who stayed all their lives in and around Dalkeith who make this collection. They are the survivors and proud of it. There are also those who speak and those who stay silent, like Anna May Thorburn who ruled the Dalkeith potato merchant's office.

At the centre of this story is a very direct and sometimes brutal relationship between Robert Hogg, the potato merchant, and the women who worked for him. It was a market relationship, a wage relationship in which both sides needed each other. This was a free market in which the women of Dalkeith were driven by their poverty. The relationship is a complex one. There was Hogg bawling and shouting in Dalkeith High Street, the 'crabbit wee man' who broke wartime finance regulations, and then there was the man who 'ran a good family business' and looked after the lassie who married the German prisoner of war. What we never see is Hogg looking over his account books, calculating his profits and fearing his losses, although we do get a glimpse of his big house and funeral. In formal terms there are no politics in this account, no unions or socialism, but the sense of contest is always present: '. . . if ye answered him back ye got on'. Part of the battle against poverty was theft. The girls stuffed potatoes down their blouses and the farmers lost eggs, but nobody took chickens. There was a strict morality to all this. As often happens in women's stories, there is a vivid awareness of the links between the workplace and the domestic. Important in each story was the relationship between mother and daughter. The poverty line was not a welfare politician's measure but a battle line. The daughters were pushed out to work in the morning as part of this battle. Most girls probably feared mother's wrath when the money did not come in more than they feared Hoggie's shouting and bawling.

Central to these stories was the world of work. The 1920s and 1930s were still a time when the fields were full of people. The voices of the Dalkeith women make it possible to reconstruct the potato field without modern machines, the girls separating the shaws or tops, the men, mostly Irish temporary migrants, with the graips, then the women who lifted the larger potatoes and the lower-paid girls who collected the brocks. The voices also highlight a problem for those who care for the Scots language, for this is often deeply bound into this world of work. Tatties will still have shaws whatever variety of language is heard on the radio or in the classroom, but the big machines will push aside the graips, even if Scots gets the respect it deserves from schools and media.

I am left wondering what would have happened to these women if they had entered the labour market in the 1990s. They would have found more mediation between themselves and the battle over work and wages. There is no mention in this account of employment offices, and not a shred of labour law, although we do see the possibility of insurance as some slight protection against sickness. There is still work around the big machines but it is much more fragmentary and temporary than anything Hoggie had to offer. A few might have used secondary education to get into nursing or office work. The ranks crossing the fields of the Lothians seem to have been replaced by the ranks along the supermarket check-out, and the 'ootbye' work has been replaced by the small armies of cleaners who set out for the offices, schools and hospitals in the early morning and evening. We can only speculate on what they might tell the historian in fifty years' time.

Bob Morris
Economic and Social History
Edinburgh University

INTRODUCTION

Oral history has several strengths. One of the most obvious is that it offers spoken testimony about aspects of the past within living memory where few or no written records survive or may ever have been made.

No written records of the potato merchant's business managed by Robert Hogg of Dalkeith are known to survive. Even if they did it seems unlikely they would reveal what is recalled, often so vividly, in the oral recollections presented below.

The main subject of these recollections I originally stumbled on by chance. The late Jessie Landells, recalling in an interview with me in 1987 her years of employment as a Midlothian farm worker, suddenly opened another door on the past by remarking: 'Of course, I was a Hoggie's Angel.' I had never until then heard of Robert Hogg or his Angels.

Mrs Landells' recollections, inimitable in content and delivery, led to the finding and interviewing of other surviving Hoggie's Angels. It is therefore their recollections, along with those of some other Dalkeith witnesses, and Mrs Landells' further memories recorded in a second interview with her specifically about Hogg and the Angels, that form this book.

These recollections are not only of conditions of labour in the potato fields worked by Hoggie's Angels and in his yard in Dalkeith, but also of many other aspects of working-class life in the first half of this century. Housing, health and sickness, poverty, diet, Irish immigrant workers, trade unionism (or, rather, its absence, in the case of the Angels), the role of women, the pawnshop, leisure and recreation pursuits, and alternative employment (or its absence) are among aspects recalled.

Out of these recollections looms the power over his workers exercised by Robert Hogg, a 'wee magnificent little yup' (as one of his Angels describes him), who seems to step straight from the pages of Dickens into Dalkeith High Street and living memory. Hogg's ability to exploit the girls and women employed in his potato business is shown to rest partly on the lack of alternative employment open to them. 'There were nothin' in Dalkeith for us, no other employment,' recalls Helen Boyd. 'We had tae dae it. When ye left school it wis jist that ye got the job ootbye and ye had tae dae it. That wis a' that wis tae it. There were nae other job that ye could dae, bar maybe gaun intae Edinbury or that. But, ah mean, where wis ye gettin' a' the money for your bus fare? We hadnae got it.'

The voices of Hoggie's Angels are lively, eloquent voices that speak directly and pithily from personal experience—experience sometimes painful, even humiliating—of aspects of earlier twentieth-century Scotland. Yet they are voices from which self-pity is remarkably absent, and they are voices that constantly convey humour and resilience. These latter qualities, among others, were surely needed by those employed by Robert Hogg.

As an employer Hogg, whose characteristics or idiosyncracies are so graphically recalled by his Angels and others below, was no doubt distinctive. But his attitudes and practices in exploiting his workers were hardly unique, a fact illustrated by the publication of another set of oral recollections in this *Flashback* series: *Mungo Mackay and the Green Table*. That two such remarkable but apparently independent phenomena of social and economic history should occur within the first half of the twentieth century within a couple of miles of each other suggests there is a vast

Introduction

unexplored people's history in Scotland that beckons the historian, not least the oral historian. It is difficult to believe that Mungo Mackay and Robert Hogg are unique figures of their time.

Hoggie's Angels were the subject of a programme I compiled that was originally broadcast in 1988 by BBC Radio Scotland. But the recollections presented below are much more comprehensive and systematic than those gathered for the radio programme. In presenting these recollections an attempt has been made throughout to preserve the actual words of all those interviewed, subject of course to necessary deletions of irrelevant or repetitious matter, and to transpositions to ensure coherence.

For practical help or encouragement in the making of this book I am indebted to many people. The debt is especially great to all those who allowed me to interview them and record their recollections. It is sad that Jessie Landells, Alice Woodcock, Helen Boyd, George Hynd and Tom McCann have died before seeing their recollections in print. Particular thanks are due to the late Tom McCann, who helped spirit out many surviving Angels for me, to District Councillor David Smith, and to Elaine Donald, Marilyn Rorison, Janice Dagg, Marion Richardson, and David Jackson Young. John Tuckwell has been, as always, a sympathetic publisher; and I am grateful also to Professor Bob Morris for his Foreword. My greatest debt is as usual to my wife Sandra, who has borne with her customary tolerance and fortitude the demands of the work in progress.

If any errors of fact or judgement or other lapses lurk within this book responsibility for them rests with me alone.

Ian MacDougall
March 1995.

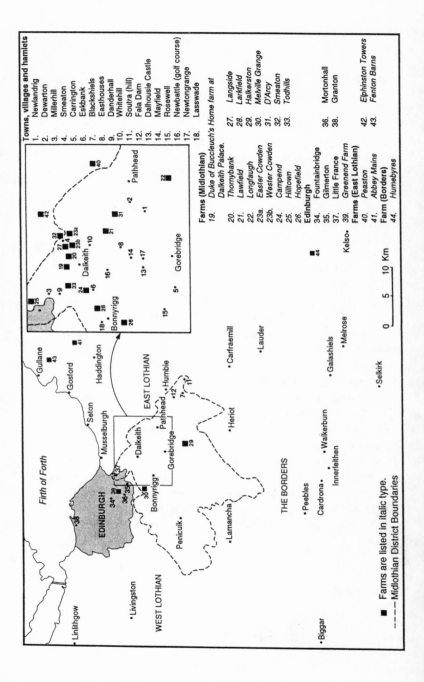

Towns, villages and hamlets

1. Newlandrig
2. Dewarton
3. Millerhill
4. Smeaton
5. Carrington
6. Eskbank
7. Blackshiels
8. Easthouses
9. Danderhall
10. Whitehill
11. Soutra (hill)
12. Fala Dam
13. Dalhousie Castle
14. Mayfield
15. Rosewell
16. Newbattle (golf course)
17. Newtongrange
18. Lasswade

Farms (Midlothian)

19. *Duke of Buccleuch's Home farm at Dalkeith Palace.*
20. *Thornybank*
21. *Lawfield*
22. *Longfaugh*
23a. *Easter Cowden*
23b. *Wester Cowden*
24. *Campend*
25. *Hilltown*
26. *Hopefield*

Edinburgh

34. *Fountainbridge*
35. *Gilmerton*
37. *Little France*
39. *Greenend Farm*

Farms (East Lothian)

40. *Peaston*
41. *Abbey Mains*

Farm (Borders)

44. *Humebyres*

27. *Langside*
28. *Larkfield*
29. *Halkerston*
30. *Melville Grange*
31. *D'Arcy*
32. *Smeaton*
33. *Todhills*

36. *Mortonhall*
38. *Granton*

42. *Elphinston Towers*
43. *Fenton Barns*

■ Farms are listed in italic type.
– – – Midlothian District Boundaries

0   5   10 Km

The Voices of Angels

JESSIE LANDELLS

We were called Hoggie's Angels for a' the times that ah ken o'. Ah don't know the reason and ah don't know who started it and ah don't know when it finished. But they still keep up the auld slang: 'Mind when we were a Hoggie's Angel, Jess?' Ah'll say, 'Aye.' In the whole o' Dalkeith that's a' we got cried, Hoggie's Angels.

Well, when I was sixteen-and-a-half, comin' up for seventeen anyway, I got this job wi' Bobby Hogg, the tattie merchant in Dalkeith. That was afore the 1926 Strike, about 1923 or '24. I think I jist went up tae Hoggie's—no, the gaffer, auld Jimmy Clark (he's dead now), he wis the gaffer wi' Hoggie. Well, Jimmy lived roond on the back street, St Andrew Street they call it now. Ah lived in Amos's Close—they called it The Dub—Dublin Close. So ah gauns roond tae Jimmy. Ah says, 'Jimmy, any chance o' gettin' a job, son, please?' Ah wis terrified tae go back and say tae ma mother ah didnae get a job. Ah got the job. But if Jimmy had said, 'No,' ah'd been terrified tae gaun back and report this. So ah went oot on the Monday.

We were supposed to start work at half past six or sieven o'clock. It wis supposed tae be sieven, ah think. Well, seven is the normal time for any job, i'n't it? Well, we went intae the Buckie, a' the workers went intae the Buckie. That's the yard where the Buck's Heid is in Buccleuch Street, the corner pub at the traffic lights.[1] Ye pass it and ye go roond tae Hoggie's yard.

Oo yaist tae leave the hoose aboot quarter past six in the mornin' and walk up. Ye ken, we were laughin' and cairryin' on, walkin' up the road. Ye know where Tom Martin's shop in the High Street is now? Well, that was Baird the gent's draper shop then.[2] So Bobby Hogg used to be standin' there. He would let oot a volley, 'Come on! God dammit tae hell, are ye gaun tae take a' buggerin' day tae come up there?' This is hoo he used tae shout at us. Course, we were terrified. Och, he wis a wicked wee so-and-so.

Efter him shoutin' and bawlin' at us on the street where we wur, we hurried up to the yard tae get in. We kenned what wis in front o' us. There were big lorries stan'in' in the yard, big motors, big motors. Oh, he had the hoarse-drawn cairt an' a', ye know. But he didnae use that for the like o' us. That wis fur deliverin' orders tae the shops—vegetables an' a' that.

When we got intae the yard he yaised tae bawl, 'Come on now. Get that lorry emptied.' And it wis aboot eight or nine ton o' tatties on that lorry, in big bags, canvas bags. And ah wis like a skinned rabbit. I've seen mair beef on the ribs o' an umberellae than what wis on me, honest tae ma God. Of course, ah wisnae fed, ye ken.

Now when we looked at this big lorry, oh, oor hert done a somersault, ken! And we had tae dae it. We had tae unload the bags o' tatties, tae take them up the stair and build them up in the loft. We'd tae pit wir back tae the lorry and the bags were so high abune us. We'd tae get oor hands up, grab—there were two lugs like on the bag, where it wis a' stitched—on like that on oor back and up this stairs, climb up this widden stair intae the attic place. Honest tae ma God, ma knees were gaun like that. Ah wisnae able tae cairry it, ken. Oh, ah wis only about seventeen, ah'd barely be seventeen then. Ah wisnae able tae cairry it. Ah wisnae fed fur hard work.

So here up this stairs, tryin' tae hing on by the bannister—and ah couldnae leave go o' the tattie bag. Yer hert din a somersault! Ah mean, we'd a' tae dae it but they were mostly aulder than me. But ah had tae dae the same as them. Ah mean,

4

dinnae get me wrong: ah'm no' makin' oot that ah wis onythin' different frae the rest. But ah jist happened tae be younger, that wis a'. So, up thir stairs and build them up, ken, one bag on top o' the other. Oo'd tae dae this until the lorry wis unloaded.

That wis eight or nine ton o' tatties. Aye, some time it wis ten ton—depended on the quantity o' tatties that come in. And that wis aboot seven o'clock in the mornin'. Exhausted afore we even went tae the fields? Ah, what are ye sayin', what are ye sayin'! It wis hard graft, oh, aye, hard work a'right.

Then we had tae go on the lorry—an open lorry—sit there. We were pit on the lorry like cattle. It wis a' the barrels on the lorry for holdin' the tatties in the field. A hundredweight bag o' tatties—that's what the barrels held. Well, there were aboot a dizen barrels on the lorry and a' the machinery— the riddle, the graips, the scree. This wis a scree apparatus thing, a' metal, ye know, and it had the bars doon like that and it had two square bars at the top. We were sittin' on top o' a' this machinery and a' the barrels, gaun up the Pethheid road away tae Newlandrig. So ye'll ken hoo far we went.

He took us tae oor work in the mornin'—some mornins, some mornins. The first mornin' ye went on tae a job he took ye tae it in the lorry. If it wisnae too far away ye'd tae walk. I walked down to the home farm, down the Musselburgh road.[3] Ah walked over to Campend on the Little France road to Edinbury. We walked tae Pethheid, aye, aboot fower mile it would be. Ye ken where Pethheid is? Well, that's where oo had tae walk. Oo walked up tae Morton's farm at the top o' Pathhead. I had tae walk back again tae Dalkeith.

I had tae get up at five o'clock in the mornin', or quarter past five in the mornin'. An' if ye didnae get up ye were kicked oot the bed. Ma mother used tae come ben or pull us oot by the hair—'Come on!' Oh, ma mother, she was a demon.

So ye got up. Oo'd tae make oor ain piece up: fower slice o' jam breid. Got that every day a' the time ah worked there.

Fower slice o' jam breid, a cup o' tea—nae tea or sugar wi' me.

But this lassie, Peggy Burke, she lived in Candlewick Close. And her mother—it wis the beds in the kitchen then—her mother slept in the kitchen. In the mornin' Peggy got up. She used tae gie her mother a half loaf intae bed and she used tae gie her mother the kippers, fried kippers frae the night before, intae bed and the mother yist tae pit them on Peggy's piece. An' the mother was sittin' scratchin' her heid like this in the bed. Oh! Peggy used tae bring the pieces tae the fields. She used tae say tae me, 'Skin, gie me a slice o' jam breid and I'll gie ye a slice o' kipper.' Ah says, 'Peggy, ah don't like fish.' Oh, ah couldnae! Ah says, 'Ah'll gie ye half a slice o' breid an' jam.' Ah couldnae afford tae gie her a slice. I'd only fower slice wi' me. But, oh, that was that—oh!

Well, when I started work wi' Hoggie we had tae go on the lorry, an open lorry, sit there, and we were taken away tae this place—it wis away up by Dewarton somewhere—tae work at the tattie pits dressin' tatties. Jimmy Clark, the foreman—we cried him the gaffer, auld Jimmy—he used tae cry me Skin in the tattiefield for I wis like a skinned rabbit then. 'Skin,'—or 'Jess', when it suited him—'gaun and get that urn and fill it, take it tae the big house, get it filled wi' water, bring it back, get it boiled, and full up the cans wi' the tea.'

But I had tae light the fire. It was a ground fire—ye ken, get bricks, build them a' roond, get the sticks, two or three wee bits o' churles, light the fire, then lift the urn on top o' the bricks for it to burn away. Durin' that I had tae go back intae the field again and dae a wee bit o' work while the boiler was boilin'. When it wis boiled we got wir breakfast, half an hoor, or twenty minutes, at nine o'clock. Ah fulled the cans: 'Right, Jimmy, the pitchers are full, son.' He yaist tae shout, 'Stop the work, stop the riddle. Gaun and get yer breakfast and dinnae make it too long.' So they a' come oot and got their breakfast and then they went away intae the wood for their procedure, ye know. So he comes back, 'Right,' he says, 'start.'

So he started the riddle up for dressin' the tatties. About half past ten they got minutes—five minutes to go to the wood again, come back, start workin' again. 'Right, Skin, away and fill the urn, get the urn fulled wi' the water.' Ah says, 'Aye, but I'll need a wummin tae help me cairry it. It's too heavy for me.' Ah wis like a skinned rabbit. So he used tae send another wummin wi' me. I think it wis Peggy Burke. So got the urn fulled, sorts the fire, pits it back on again. Then we got wir dinner as dinner time come up, one o'clock. Sat there and played at cairds. Then we worked on tae three o'clock then they got minutes at three o'clock, five minutes at three o'clock tae gaun intae the wid again, of course! So, comes back, starts workin' away. We had tae keep gaun on tae aboot ten tae five or five tae five. 'Right—hap up the tattie pits.' We had tae hap them a' up wi' straw and cover them wi' the cley, and hide a' the tools, cover a' the bags o' tatties wi' straw so nae passers-by wid gaun in and help theirsel. So the lorry used tae come for us aboot ten past five. We jumps on the lorry. It brocht us hame intae the yaird. That wis us lowsed for the nicht—until the next mornin' came for us again, quarter past six.

It wis jist the same procedure until the tattie pits were feenished. That's somethin' that ye cannae remember—how long it took tae finish a tattie pit. It depended on how good the tatties were and how many. See, there used tae be a lot o' soft mushy tatties in them. And ye used tae take a' them oot, throw them oot and then pick oot the brock and pit them in bags for the pigs. They were sold to the farmers for the pigs.

At that time it wis the graips ye worked wi' and we were workin' doon at Thornybank. It wis auld Neil, the market gairden man. He had a market gairden, fruit and everythin'. Oo used tae steal a' his fruit in the mornin' off the trees, plums off the trees and peirs an' a'! Oo wis sterved tae death. We had tae greb, greb, steal the fruit. So here we were in this field. The field wis jist past where the auld sawmill is at the fit o' Thornybank and it wis an orchard. But then we were workin' in the field at the tatties and it was the graips ye worked wi' at the time. Ye had tae take a graip tae dig oot the tatties.

Well, this woman took the graip—this lassie, onywey, she wasnae a wummin, a lassie. She was aulder than us. She was on the first graip and ah was on the shakin' o' the shaws. She pit the graip in and eased up the tatties an' ah grabbed the shaws. Ye'd tae shake them like that, but no' tae pit them in the shuck o' the dreel. If ye din that Hogg used tae lift his stick: 'Come on! Dammit tae hell!' 'Cause ye were coverin' the tatties up wi' the next shaw that came oot. He wouldnae allow ye tae dae that— oh! He didnae think twice o' liftin' his stick and hittin' ye across the backside wi' it when oo were on the field.

Ye'd tae pick a' the big yins, then pick a' the sma'—no' me, ah wis on the shakin' o' the shaws. But the next time it came roond it wis ma turn for the pickin'. We a' got wir turn. Pit the sma' in among the brock—that was it. Ye did a hail dreel frae the bottom o' the field to the top. Ye never got yer back up. Oh, see that Bobby Hogg, oh!

A lot o' them widnae go tae work for Hoggie because he was a beast for work. He didnae dae any work in the fields himsel, Bobby Hogg. No way! He never din a day's work, Bobby Hogg, for as long as ah worked tae him tae the day that ah finished. He might ha' done after ah left but ah wisnae there tae see it.

Hogg was a fresh complexioned man but he wis diminutive in height, ye know, diminutive size, high coloured and everythin'. He looked an old man. But he wis a man like this, he belied his years. He never looked old an' he never looked young. He wis jist the same all the time. Ye never seen him gettin' a day older.

But he was a' for the business—tae make money. He wis all grab.

8

He never gave ye any tatties, he wouldnae let ye take a tattie off the field. We used tae put them doon oor brassiere, our nickers an' a'thing, tae try and get tatties hame! We werenae allowed tae take tatties. He didnae search us, no! He wouldnae ha' needed! But here we yaist tae dae it underhanded, ye ken. He didnae ken we were daein' that, pittin' doon—well, I had nothin' tae pit in a brassiere then so ah didnae need a brassiere! Ye tied the sleeve o' your coat an' that, ye ken, rolled yer coat up. Oh, if he'd ha' kent that he'd ha' went coocoo! No, if he thought you were stealin' them ye'd get the seck. Oo used tae pit them in oor tea can, tea pitcher an' a', och! But nane o' the lassies that ah can remember ever got the sack for takin' tatties. Well, no' in ma time, no' that ah ken o'. It could ha' happened efter ah left, I don't know.

The pey was only eighteen shillins a week.[4] That wis fur five-and-a-half days. So when we came hame frae work on the Tuesday nicht, we went intae the office: we wanted sub. We used tae get five shillins sub. So we got five shillins sub Tuesday, and we got five shillins on the Thursday. Saturday at one o'clock, after doin' a full half-day's work, we went up the yard for wir wages, intae the office I mean. We got what we had tae get. It wis only coppers, but still.

Anna May Thorburn was in the office. She was the secretary. In fact, over business transactions, she was the boss in a direct way. It was up tae her whether ye got a sub or no'. She'd tae look after a' the book work.

Hoggie didnae charge interest on the subs. Oh, no, no, no! Oh, if he'd din that we widnae ha' took it. The money was poor enough without chargin' interest.

But Anna May Thorburn took a' the business transactions. She looked efter everythin'. She decided whether ye got sub or no'. But she wisnae bad: we got it. Of course it wis wir ain money we were takin'.

Even Bobby Hogg's wife went tae the office tae get house-keepin' money. It wis up tae Anna May Thorburn whether she got it or no'. Mrs Hogg spent what she required. She wis a right character. Maggie Broonlee was her name, fae Todhill's dairy, away ower by Millerhill wey. An' when she brought any change back fae the messages she'd tae take it tae Anna May Thorburn. Well, that wis her instructions frae Bobby Hogg. But Maggie Broonlee she was a gem o' a person.

Hogg had a nephew, Jimmy Hogg. Jimmy was a proper toff, a gentleman. Jimmy never bawled or shouted. If ye din anythin' wrong, Jimmy would keep ye right. Oh, he wis great, Jimmy, oh, aye. He never checked ye for anything. He would ha' telt me, just said, 'Jess, dae it that wey, hen.' Ken, that's how he spoke tae ye, 'Jess, dae it that wey, hen.' But Hoggie yaist tae let oot a volley.

Ah remember yin day when Jimmy Clark telt me tae make the teas an' a' that, pit me on the job o' makin' the tea and fullin' the cans. Jimmy Clark always carried a flask like what the miners cairried tae the pit, wi his tea, full o' tea. He used tae lie it doon on the grund flat and slacken the cork a wee bit, pit it under the urn, fur tae heat the tea up while I wis waitin' on the water bilin'. Ah'm standing ower the urn like this, thingmyin' the fire in, ye ken, tae keep it goin'. A' of a sudden this Bang! comes oot the flask. The cork had burst oot the flask. And it burnt a' ma leg up here. Oh, ma leg was in an awfy state, big blisters on it and everythin'. So Jimmy Clark says, "Right, Skin, get in,' he says, 'and sit in the straw.' Then ah had tae walk hame fae where oo wur. So ah couldnae go tae ma work for aboot a fortnight. But ah didnae get any compensation. There were nane, no, nane in thae days.

If it got wet ye'd tae keep workin' until ye got wet through to the skin and then go under the trees and try and pick a shelter! That's a' the confidence we got fae Bobby Hogg. He didnae care hoo wet ye got. He used tae say, 'Ye only get wet through tae the skin.' Oh, we wis often soaked.

But I'll tell ye, the weather didnae seem to be so bad then as what it is now. The only time we got bad weather was the wintertime—snaw on top o' the tattie pits, ice. And we'd tae take a pick and thingmy the ice off the top o' the pit, and then get the shovel and shovel a' the snaw off. Then shovel a' the cley off, then grab the straw in airmsfu', get a bundle o' straw, pit it away ower and pit it doon tidily—no' like a pig's byre, we had tae pit it doon tidily!

Ken what we'd tae dae? Ah wore sparable bits—couldnae have gone oot wi' shoes, and ah had nae Wellintons: ah wisnae that well off. Thir sparable bits, they lested longer than Wellintons: ma mother was fly. We'd take off oor bits, pack them wi' straw, then in—get them on tae keep wir feet warm. Oh, it wis freezin' cold. And the hands! I never had any blood, ye ken, I wis aye frozen.

Oh, it wis heavy work, wis it no'. Bit ye were feared tae lose yer job. Ye had tae dae it. There was nae other work. And ah couldnae stand inside work, no' then, ah couldnae. Ah've done a lot since then but, no, ah couldnae dae it at that time, no.

It wis hard graft, oh, aye, hard work a'right. But we had tae dae it. See, we widnae hae daured gaun hame to oor mother and say, 'Well, I've been peyed off.' Ah'd ha' got annalated! Yin time ah went hame, ah says tae ma mother, 'There's nae work.' This is true. 'Well,' she says, 'ye're no' steyin' here if ye're no' workin'.' I wis only sieventeen past by this time. 'No, no' steyin' here. So I'll tell ye what ye can dae—Dr MacKenzie in the Abbey Road.' He was my doctor. Ah had tae go up tae that Dr MacKenzie at nine o'clock in the mornin', and tell that doctor—God's payin' me back now—ah had tae tell that doctor ah wis sufferin' wi' a bad chist. Ah wisnae able to go tae ma work—which wis a lie, I wis peyed off. But ah widnae hae daured gaun hame and say that tae ma mother, that the doctor refused to gie me insurance. Ah says, 'Doctor,' ah says, 'ah'm bothered wi' ma chest.' He gave me an insurance thing.

The doctor soonded me. Ah dinnae think he fund anythin' on ma chist anyway, for there were nothin' wrong wi' me. Ah had tae force masel tae cough! Tae bring in insurance money tae ma mother—aboot eighteen shillins a week. So that was that, pittin' on the insurance. Hard times, oh!

Ah worked wi' Hoggie for two years or over two years anyway. Fae ah wis sixteen, ah worked wi' him tae ah wis eighteen. I wis one o' the youngest. Sarah Conley wis there. Sarah's dead now of course. Nellie Conley—Nellie was ages wi' me. Ruby Stoddart. Mary Wilson—they called her Paddy for a nickname. And Katie Kipper. They cried her Katie Kipper for a nickname, Katie Stewart was her name, but she was called Katie Kipper. Ah dinnae ken why that wis. She wis ma pal. I used tae get battered useless fae ma mother for gaun wi' Katie Kipper! She wis a wild yin, Katie, ye ken what ah mean, but there were nae herm in her. She pal-ed aboot wi' Peggy Burke. There wis Famy Porteous—Famy's dead now—and Annie Baxter.

And Auld Minnie MacDonald, oh, she was a great auld soul. She used tae live in Baker's Land in Dalkeith. Ah lived in Baker's Land wi' ma grannie at that time tae. Ye jist went in the close, an' Minnie lived up in that lobby an' up the stair. Ah lived wi' ma grannie further up the close, top end. But I'll tell ee, Auld Minnie she wis an auld worthy. She used tae take her wee bottle wi' the hard tack in it, a wee drap whisky or somethin', or beer, ah dinnae ken. She liked her drink. But of course they were rooted in these times, ye ken. But Minnie, she aye smoked a pipe, a clay pipe. Ah dinnae ken where she originated fae, whether she had belonged Dalkeith or no'. Ah couldnae tell ye that—but she wisnae Irish, naw, naw, naw.

Well, the elderly people fae Dalkeith that know me, they say, 'Jess, mind when oo used to be a Hoggie's Angel, hen?' Ah say, 'Aye, sharely. They were the guid days.' They'll say, 'Mind that wee crabbit so-and-so, Bobby Hogg?' Ah say, 'Aye, I'll never forget him anyway.'

RINA FINNON

I was born in Smeaton, near Dalkeith, in November 1908. But I was only about six month auld when we shifted ower tae Dalkeith. My mother got a house here.

Ma mother had a big family: there were a crowd of us. My mother was a field worker when she was young. That was long, long afore she got married. My father was a miner. He feenished up at Bonnyrigg. I forget the name o' the pit in Bonnyrigg. But he finished up there 'cause he was off ill. Ma faither wisnae very old before he left the pits.

I went to school in Dalkeith at St David's. I wis fourteen when I left the school just after the First World War. Hogg was the first job I had and that's where I got married out o'.

Hogg's yard was jist up at Buccleuch Street in Dalkeith and ye jist went in and asked if they had a job. And they started a' the young yins an' a', a' the young yins worked tae him. When ah started ah got 1/9d.—it wis either 1/6d. or 1/9d.—a day.

We wis out the house for six o'clock in the mornin'. And if ye wisnae up there at the yard about six o'clock Hoggie wis down the street wi' a stick, forkin' ye up the street. We'd a' meet thegither ootside and he'd be drawn up on the road an' they wid say, 'Oh, here's Bobby comin'.' And the girls wid a' dander in and he wid say, 'Get up the street!' He says, 'There'll be somethin' kep' off your pey!' A penny he used tae keep off us in the mornings. So you'll ken how much pey oo had!

We were supposed to start at seven a.m. but ye had tae be

up there at the back o' six for tae get on tae the lorry. He had us away, we traivelled all over. We wis away tae Heriot, we worked at Peebles, we worked away up at Peaston, up at Pathhead, all over. We went a' roond the Lothians and the Borders. We worked a' roond aboot the farms, aye, Lauder and Carrington and roond aboot there.

Hoggie had lorries, lorries and drivers, two or three drivers. Ye had tae gin up on the lorry on the cold mornins and at the farms he kep' us sittin' in stables wi' the horses till the daylight come in. And whenever daylight come in he says oo better get started and gaun oot tae the tatties.

In the mornin' at his yard in Dalkeith it wid maybe be poorin' o' rain and he'd keep us sittin' there and then when the shower went off he'd say, 'Right. It's gettin' fair.' He took us away up on the lorry and ye'd just be up in the field when it wid be lashin' and we'd tae sit there a' efternin. And ye didnae get paid for sittin' in the stable either—he kep' it off us. For Jimmy Clark the gaffer had tae mark it in his book what time we went oot tae. Of course the farmers were there and they wid tell him anyway.

So ye just got ready to go on the lorry in the mornin' and that wis us tae past five at night and then he come up tae the field wi' the lorry for us, to come here tae Dalkeith. Oh, it wis hard bringing up right enough.

And then in the mornins, afore we left the yard, ah've seen a lorry comin' in for ten ton o' tatties and Hogg gettin' a' the stronger yins, the lassies, two pittin' it on to your shoulder and you walkin' oot wi' the bags o' tatties on to the lorry. Or ye had tae cairry them up a stair to the loft in the mornin'—hunderweight bags: a day's work done in his yard afore we got away in the lorry at all. Well, it wis bein' Hoggie's Angels gied us a' the humph on our back wi' the bags! Well, oo was young and ah mean oo didnae feel it, ye ken. But ah couldnae dae it now ah dare say!

14

When ah started wi' Hogg I only gathered the small potatoes. The older ones gethered the big potatoes and oo got the wee yins. When ah went on tae the big yins ah got 2/3d. a day.

At the gatherin' I've seen him wi' three different squads. But efter the potatoes wis lifted there were only the potatae pits and his main yins was kept for the pits—the aulder yins, ye ken, that kent aboot it. Ah've seen him wi' eight or nine at the pits, no' puttin' the Irishmen in that. The other lassies he paid them all off. Ah got kep' on. He'd maybe pey them all off but he'd say, 'Well, you bide back and you bide back.'

The Irishmen used tae come and gaun but there were two or three every day, howking the potatoes. The Irishmen howked the potatoes and oo used tae gather them at the back o' them. In fact, Hogg had the women howkin' them an' a'. We dug the early potatoes wi' graips and then it wis the digger for the later potatoes. The howkin' wis hard work, right enough.

There were quite a good lot o' decent Irishmen there. They were nice. Ye could get on wi' them, ye ken.

It wis a' women he kept for potatae pits, bar the men that wis strippin' the pits. It wis freezin', ken, in the mornins when the snow was on the ground. Ah've seen us shovellin' the snow fae the gate richt up tae git intae the pits afore oo could start—maybe a hunder yairds.

We didnae always work wi' potatoes. When the potatoes finished Hogg would buy up fields o' turneeps and he'd put us oot tae shaw them. Ah loved it, ah loved the shawin'. And if wir work was done, if the farmer says tae him, 'Could ah get some o' yer girls for to single the turneeps?', we used tae go oot to the singlin'. And we worked wi' carrots tae. Hoggie bought the carrots in and his nephew used tae dae Peebles and a' roond aboot wi' the bags o' carrots and the potatoes.

I enjoyed the work very much, I enjoyed the work. Ah

loved the tatties and the plantin' and a'thing. Ah didnae like it when it came on rain and ye got thon soakin' roond aboot. Ye were miserable, ye ken. Then they'd take ye intae the stables or the shed tae sit, soakin' wet clothes. And then when the sun came oot he'd pit ye oot tae the field again. It wis nae easy workin' in a' the rain and snow and everythin'. Summer and winter oo was at it.

We might have been better away intae service lookin' for a job. But there were never nae work. It was either fields or gardens. Ah liked where ah wis, 'cause it wis a constant job.

And, oh, it wis quite good laughs, jist wi' the lassies an' that. We wis in the barn yin day and it wis rafters. Mary Wilson, here she went tae climb the rafters and she couldnae get doon. She was away up the top.

The women wis different ages. In fact, a' the girls that's ages wi' me they're a' away. I mind o' Old Minnie. Oh, she worked tae aboot eighty-odds on the potataes. She didnae get much tae dae, ye ken. She was an old woman and she smoked a clay pipe. She wis the only one in the squad for years that smoked. Naebody smoked but auld Minnie had to have a smoke o' the pipe.

Old Minnie wisnae Irish. She wis brocht up at the top o' the street there in Dalkeith. She was in Dalkeith a' her days that I ken. I don't think she had been married.

And then Hogg'd hire a lot o' the schoolbairns to gather the tatties when they were on holidays. Ah dinnae ken what the bairns would get but, well, if ah got 1/9d. maybe they got a shillin!

Before oo left the house in the mornin' we ate maybe toast or a roll. That's a' oor mothers could gie us. Then oo took oor piece wi' us for dinnertime. We got an hour for our piece in the fields then oo got oor denner when oo come hame sichlike as it wis. Aye, they had hard bringing up in oor days. It wisnae a' sunshine.

16

Oor clothes wid jist be an auld coat, maybe an auld coat some other body was flinging oot, and shoes. And maybe a scarf roond aboot ye and gloves when it wis freezin', ken, in the mornins when the snow was on the ground.

Jimmy Clark wis oor gaffer. That wis the best gaffer ever oo had. He thocht the same o' the yin as the other, ye ken, he made us a' the same. If ye was arguin' wi' him an' if ye went home—'I'll not be out tomorrow'—he'd be doon at your mother's door: 'Tell her tae get out tae her work.' He was more sympathetic than Bobby Hogg. It didnae matter if ye was dyin', ye couldnae tell Bobby Hogg. He would say, 'Well, you should stay at home.' That's what he'd tell ye.

There was never any talk about us joining a union, oh, nothing like that. We hadnae no union. I never ever heard the girls talkin' aboot that. We jist paid thruppence for insurance for a stamp, ee ken.

When the lassies got married, oh, he never gave them weddin' presents, no. And wi' oor work ye couldnae get a weddin' present because what could ye get off o' 1/9d. a day? If ye took anythin' off yer mother would chase ye. And then if it rained ye never got anythin' for comin' hame in the rain. That wis that.

I worked for Hogg for about eleven or twelve years a' through wir agein'. I worked for him from when I wis fourteen till I got married when I wis twenty-three. And after ah got married ah went back for a year or two.

The business was set up by Bobby Hogg's brother Jimmy. It had been there for a few years before I started—ma mother and them worked wi' him before oo went, ma mother and auld Mrs Burke. A' the auld yins worked wi' him. Oo were young when ma mother went oot two or three times, ken, in the mornins or efternins as she had time. Jimmy Hogg got drooned, ah think, in the First War. He was in the sailors. Then Bobby took over the business. His nephew young

Jimmy come in for it when Bobby died. It was Jimmy's father that was killed in the War that had set up the business.

Ah couldnae tell ee how the girls came to be known as Hoggie's Angels. For from when ah kent him they'd say, 'Here's Hoggie's Angels.' I mind when ah went up tae a farm door wi' the pitcher for the tea, the farm wife would say, 'Here's Hoggie's Angels.' Every place ye went they'd say, 'Here's Hoggie's Angels comin'.'

Well, the girls used tae go aboot huntin' for eggs and so on but ah never done that. No, I never went rakin' to the farm. They went for eggs and takin' potatoes home. We had big pitchers for oor tea. Maybe ye were lucky if you got three or four potataes in there and pit the lid on it. But he widnae say, 'Take a bilin' home.' He wouldnae allow ye tae take a bilin' o' tatties hame. If ye took a potato home and Bobby Hogg kent ye got your books.

Many's a time when we were on the lorry people would shout, 'Hoggie's Angels!' When they passed the field where oo were workin' they'd shout, 'Aw, Hoggie's Angels!' Even comin' frae their work they'd shout out, 'I widnae work wi' him, workin' wi' a' thae Angels aboot Bobby Hogg!'

Bobby Hogg was a wee white-heided man, a wee crabbit old man. Bobby was aye tidy, that's yin thing. He was always smartly dressed. He had aye a collar and tie on and his walkin' stick. I never seen him daein' any work, he got the women tae dae it! He jist knocked aboot inside the yard. He didnae dae the work but he came round the fields wi' his walkin' stick and diggin' up every potatae that wis lyin', flingin' them intae the lassies for tae lift them. Did iz no' get a row if ye missed potataes in the field! Aye, ye'd get a row a'right.

Bobby was hard where the money was concerned. He took it oot o' us and put it away intae Germany in case oo lost the war! He got tried in London. He got off, though, for bein' so old. But they kept thousands that he put over. It wis either America or Germany but I aye thocht it wis Germany.[5] We used tae cry him a' the wee German. When the miners in the mornin' wis gaun up tae the pit they'd say, 'Get away, ye wee German.' And he was standin' there when he used tae get cried it. Oh, they were a' up against him efter they heard that, aye.

When Bobby died I went to his funeral. Jenny Dougall and us a' went up, seen him gettin' buried. He's buried up in Dalkeith. A lot o' the people that he kep' up wi' wi' the potataes and that a' turned oot. Oh, he got a good turn-oot. All the Angels was there seein' him gettin' buried. He got a nice turn-oot. Every one o' us went.[6]

ISA DRUMMOND

Ah worked wi' Bobby Hogg fae ah wis fourteen till I wis
married. I was twenty-eight when I got married. Oh, he was
terrible. The worst man on God's earth, Bobby Hogg.

Ah wis born in a place ye ca'ed The Wicket, in Dalkeith, in
September 1917. The Wicket wis a long narrow road, where
the shopping centre is now, and the pawnshop was there.
They yaist tae a' run tae the pawn wi' their parcels and
everything. That's a' I can mind o' it. I wis only fower year
auld when ah left The Wicket. We moved tae the fit o' the
toon, in Dalkeith, Donaldson's Close. There's where ah lived
when ah worked at the tatties.

Ma faither was an invalid. Ma mother worked wi' Hog-
gie's Angels—it would be before the First World War, oh, she
wid be a young wummin likely. But she didnae tell me
anythin' aboot that, no' really. Ma mother worked tae she
wis eighty—no' wi' Hoggie's Angels, at the schools.

I went to St David's School at Eskbank fae I was five year
auld till I wis fourteen. When I left the school I went tae the
tatties at Hoggie's Angels. That was round about 1931. Ye jist
went doon tae his office and asked him if he needed any
workers an' he just says, 'Aye, come oot in the mornin'.'
Naebody suggested I should go down tae him, no' really, jist
that ye were desperate for a job. So that's when ye got it. So I
went down and saw him, wee Bobby Hogg, a wee magnificent
little yup.

He'd be lucky if he wis five feet. He was a wee man, a wee,

20

wee man, a wee magnificent little devil. He was very thin. Oh, a wee, wee face he had. He had glasses but he hadnae thick glasses.

His nephew Jimmy Hogg was a big tall chap. It wis young Jimmy's father's business. I think he was dead. And then the uncle took it because young Jim was too young tae run the business.

It wis a' tattie business, gaun oot tae the fields and diggin' the tatties, wi' the Irishmen. It wis only tatties. It wis the farmers that planted the tatties and we dug them up for Bobby Hogg. Bobby Hogg bought them. He didnae grow the tatties himself, he went roond the ferms. And we dug them, we lifted them. We dug them up with a graip, followin' the Irishmen, at 1/6d. a day. The Irishmen were diggin' the tatties first wi' the graip and we had tae follow them, diggin' at the back o' them. But some o' the lassies had tae go on the graip at the back o' the Irishmen. They were diggin' one dreel and the lassies was diggin' the other dreel.

Between June and July we'd gaun tae a' the different ferms and lift their tatties. We used tae gaun and lift the big ones, put the wee ones into posies—just in wee bundles—and another lassie would come up and lift the wee ones and put them in the riddle. They dug the early tatties wi' graips. But later on in the season they dug them wi' the digger.

We had brats, what ye ca'ed coarse aprons, roond aboot us, and we yaist tae gether them that wey in the apron and put them intae barrels. Ah couldnae really tell ye what weight o' tatties wis in the barrels. They were very heavy. There were two o' us tipped up the barrel intae the bags. And then the horse and cairt used tae come in and take the bags o' tatties oot tae the road end. And two lassies used tae gaun oot and load the lorry. Oh, it wis a heavy job, especially when the tatties were wet and the cley was stickin' tae them. Aye, they were heavy. But we had tae dae it.

We used tae spread the manure in the fields. Then Hogg provided the women for tae plant the tatties for the fermers. I enjoyed it gaun doon the field plantin' the tatties. It wis heavier work than liftin' them. Ye yist tae gaun wi' the big brat o' tatties in front o' ye, plantin' them doon the field every foot or so. It wis done by hand. Then we were at the howin' the tatties, that's howin' the weeds out. Then we used tae be at the getherin'.

And then oo went on tae what ye ca'ed the dressin' and the tattie pits. We used tae put them in the pits and put straw on them and then cley. Then durin' the winter we yaised tae gaun in, empty the pits oot, dress the tatties, and sell them tae the shops.

So we were plantin' and weedin' and gatherin' the tatties, puttin' them in pits, baggin' them—everythin' tae dae wi' the tatties. We were in continuous employment wi' Bobby Hogg. He never paid us off when there were work goin'. Well, if it wis snawin' or heavy rain we werenae ta'en oot tae the fields.

The Irishmen a' used tae come ower frae Ireland at tattie harvestin' time and they worked. When ah started wi' Hoggie's Angels I think there wid be about half-a-dozen a'thegither, Irishmen. There were auld Mick Sweeney and there were two Phil Sweeneys. Auld Mick had a son ca'ed young Phil and there were big Phil—wee Phil and big Phil, they were cousins.

The Irishmen were quite friendly. I havenae a clue what they got paid but it would be more than us likely. We didnae have close contact wi' them. They were quiet and shy. They sat away in a different part o' the field a'thegither and had their tea. That was their wish. They didnae have anythin' to do wi' the women. The Irishmen's wives werenae here wi' them. Auld Michael Sweeney was a widower.

Auld Michael had a mark on his face. And the tatties—

carryin' the bags o' tatties—knocked it off and he got cancer in the face—a' his face away.

The Irishmen stayed in the ludgin' hoose. There were three ludgin' hooses a'thegither. There were Reynolds' ludgin' hoose, there were Black's, and there were Christie's. Hoggie's Irishmen lived in Christie's ludgin' hoose. That wis in The Wynd.

It was the same Irishmen came every year, every year. They would come over aboot March or April and then they would start wi' Hoggie. It's less than twenty year fae the firm died oot, and the Irishmen were still there.

We worked fae the Monday tae the Saturday at 12 o'clock, five and a half days. We never worked on a Sunday. We worked fae seven o'clock in the mornin' tae five o'clock at night. It wis aboot fifty-five hoors a week. There were a break for oor cup o' tea in the mornin', oh, quarter o' an hoor, and an hour for oor dinner at twelve o'clock. We got a wee break at three o'clock, less than ten meenutes. That wis a'.

We never got a holiday, never. We worked a' the time. Ah think oo got New Year's Day, that wis a'. Oo never got Christmas Day.

I had to get up at six o'clock in the mornin' tae start work. Was that easy? Well, it wisnae bad! I didnae really go to bed early.

Hoggie yaised tae come doon the street huntin' us up for oor work in the mornin' and he yaist tae say, 'Will ah get a bloody belt tae lift yez oot o' yer bed in the mornin'? Get up oot o' there! Get up the bloody road!' When we were walkin' up the street this wis him shoutin' at us. He yaised tae shout oot, 'Come on, come on. It's time yez were up the road tae yer work! Lorries waitin' on yez!'

You know as you come up the Edinburgh road intae Dalkeith High Street? Well, there used tae be a fountain in the middle o' the street there, Robbie Burns' fountain. And

Hoggie yaised tae stand there: 'Come on, come on. Get up the bloody road there tae yer bloody work!' Oh, he was an awfy man, oh, an awfy man.

Everybody disliked him because he was a hell of a man tae work tae. Oh, he drove ye. He was drivin' ye like a slave.

At the yard in the mornin' we yaised tae load two o' the lorries fur tae sell roond the shops. And we used tae cairry the tatties oot the shed on to the lorry. There were aboot ten or twelve women used tae cairry them. Some o' them werenae able tae cairry them, they were that old.

Oh, Bobby Hogg wouldnae cairry a bag o' tatties. He was a wee b . . . Ah wis gaun tae swear the now! Oh, he widnae cairry a bag o' tatties supposin' he wis peyed thousands in his hands. He wis a wee yap. Oh, he wisnae willin' tae dae any o' the manual work. Oh, no, no, no' when we were there. We were slaveworkers tae him. He wis too superior tae us. He didnae, couldnae, he widnae dirty his hands. He always wore a collar and tie, never dirtied his hands. He was always well dressed.

Once a day he came intae the field, him and his nephew Jimmy. He didnae come at a particular time, he would jist walk in any time, jist walk in any time. When you least expected him he wid walk in. He yaised tae come intae the tattie fields and poke his stick intae the fields at the back o' us. Old bugger! If there were tatties left he used tae poke them up wi' his stick. And, oh, he used tae shout at us, 'Get thae bloody tatties lifted!' But oo didnae bother.

Then at the dressin' o' the tatties, 'Get them oot, get them oot, get them oot.' He yaised tae come ower tae the riddle when ye were riddlin'. When ye were riddlin' them and puttin' them intae barrels, ye'd tae pick a' the bad yins oot. If ye put a bad yin in, oh, he'd gin off his heid: 'Get that oot, get that oot!' He did try to keep up a good standard o' tatties, that's one thing. But ye couldnae pick them a' oot.

Isa Drummond

Hoggie's yaird, oh, it was a big place. The lorry drivers used tae do a' the work in the yard: Wullie Bertram, Jimmy Harrier, and the boss Jimmy Hogg. We got on awfy well wi' the drivers, oh, they were nae bother the drivers. Oo got on fine wi' them a'. The sheds were all in the yard where his office wis. He had one, two—aboot five sheds. They were like big buildins, full o' tatties. Oh, there were tons in the sheds. We used tae dig aboot twenty or thirty ton a day—for 1/6d. Ah cannae get ower it!

He selt the tatties tae the shops. That wis the job o' the lorries. And he yaised tae sell them tae the chippers, the chip shops. I think he selt them a' roond the Lothians.

And then the wee office wis there in the yard where we yaised tae go in for wir pay tae Annie May Thorburn. I think it wis jist the two that worked in the office, when ah wis there anyway. She give us oor wages, Anna May Thorburn. 1/6d. a day we got. Ye were lucky if ye got nine bob a week. Well, I got 1/6d. a day till ah wis aboot seventeen or eighteen. I think it wid be aboot a shillin' and tenpence efter that. We were paid every week. Ye used tae gaun intae the office on a Saturday at twelve o'clock and get oor wages. Ah gien ma mother a' ma money, ma mother always got ma wages every week. I'd be lucky if I got a shillin' frae ma mother.

Hoggie used tae have tae sub our pey. We yaist tae go in on a Thursday tae the office tae get a sub, for tae go tae the pictures, or it wid need tae be jeely jars we'd sell! Oor wages didnae last oot the week. We used tae gaun in and say, 'We're needin' a sub, Anna May. Gie us a sub.' She'd gie us aboot three bob. Oh, it wis deducted off oor wages on the Saturday. Anna May kept the books and ye had tae sign the book if ye got a sub.

There wis nae limit on the amount ye could get in subs as long as ye peyed it back on the Saturday. None o' the lassies got really heavily intae debt, no' that ah mind. Ah don't think

Hoggie's Angels

Hoggie tried to keep a grip on us through the subs, oh, he wisnae that bad on us. If ye wanted a sub he gien ye it but he ta'en it off oor wages on the Seturday mornin'.

There wis never a union, nae union where Hoggie's tatties wis. There wis never any talk o' yin that I remember.

In the fields we wore jist ordinary clothes. We had this brat roond aboot us getherin' the tatties. Wellinton boots and a heidscarf on your hair in case they'd shake the dirty shaws on top o' your heid, them that wis liftin' shaws wi' the Irishmen. See, the Irishmen yaised tae dig it and there used tae be a lassie thingmied the shaw oot and shaked the tatties. It used tae a' gaun ower yer heid.

There were aboot thirty or forty o' us a'thegither worked for Hoggie when ah wis there. There were Lizzie Conley, Mary Conley, Nellie Conley, there were Sarah Finnon, Mary Mills that died. There were Mary Pretchell. There were ma two sisters and me, Betty Foran, Jessie Lawrie, Lizzie Lawrie, Ruby Boyd, Nellie Stoddart, Ina Stoddart, Chrissie Stoddart and Minnie Stoddart—that was a full faimly o' sisters. There wis a lot o' sisters worked thegither.

The ages o' Hoggie's Angels were frae young lassies like me and Nellie Stoddart, an' her sister that died wis young. Chrissie Stoddart and them would be over thirty-, thirty-three-, thirty-four-year old. Then some would be older, forties, maybe fifties and then Auld Minnie she would be in her eighties when she worked wi' us.

Auld Minnie wis Irish spoken but she stayed in Dalkeith. Ah dinnae think she wis born in Dalkeith. Oh, she was an old, old wummin. Smoked like a trooper! It wis a clay pipe, a wee clay pipe. Dressed, oh, auld, auld fashioned, a long skirt. But by God she could beat you at getherin' tatties. She used tae dig the tatties an' a' wi' the Irishmen. She wis a widow, no family. She lived on her own in what ye ca'ed Baker's Land, in The Wynd, next tae the lodgin' houses. Oh, she wis quite friendly wi' the other girls. Oo worked a' oor days wi' her. She wis a right character. She liked a joke, aye, oh, aye, she liked a joke. We a' used tae sit thegither takin' oor tea and we had a laugh then. We a' got on well. Oo traivelled and worked thegither.

Oo went a' ower. Oo went as far as Humbie, Lamancha, oo went tae Peebles, and Blackshiels, Longfaugh—that's in Pethheid. We went tae Wester Cowden up here, and tae Kelso—Hume Byres, Lauder—Upper Vennel. Oo went tae Elphinstone Toors in East Lothian, oo went tae Haddington, oo went tae Abbey Mains. We enjoyed the fresh air, away oot in the fields and doon the Duke o' Buccleuch's estate, that's where oo worked an' a'.

You never seen the fermers, never seen them. We used tae take the tea cans tae their door and they yaised tae make oor teas. But we never ever seen them. We had jist sandwiches for oor piece, and piece on jam and biscuits. Your main meal, that wis at night when ye came home.

We were tired at night. When ye got hame ye used tae fa' asleep on the chair. But, oh, we used tae gaun oot at night! We went gallavantin'. There were three picture hooses in Dalkeith. We went tae the pictures jist on a Saturday night and then we went tae the dancin' efter the pictures. That's when ah met ma bloody fate—ma husband. He used tae play in the band.

Ah couldnae tell ee how Bobby Hogg spent his leisure time. He stayed in one o' the big houses where ee cut through the King's Park. Ah think it wis before the War his first wife died. Ah seen young Jimmy Hogg that mornin' in Dalkeith at Donaldson's Close. Ah says, 'Where are ye lookin' for, Jimmy?' He says, 'Ah'm lookin' for Mrs Finlay.' Ah says, 'That's ma mother.' He says, 'Aye, Bobby's wife died this mornin',' he says, 'an' ah'm wantin' your mother tae dress her.' Ma mother put shrouds on them. Bobby Hogg never had a family. He married a second time, the lassie Somerville, Mrs Cleghorn, a farmer's daughter.

I couldnae tell ee how oo got the name Hoggie's Angels. Ah've nae idea. It wis jist one o' those things, ye got ca'ed Hoggie's Angels. Everybody knew us as Hoggie's Angels. Every night in the week, comin' back frae oor work, when oo yaist tae cut through Bonnyrigg on the lorry gaun hame, many o' the fellaes used tae shout, 'Hoggie's Angels!' It didnae bother us. Jist as ye come roond fae the market at Bonnyrigg there used tae be a corner, they yaised tae a' sit there and they'd shout 'Hoggie's Angels!' Oo used tae shout back, 'Get away! The lazy moon!' Nane o' them wid work.

Hoggie was fined £30,000 for sending his money away abroad. It wis during the War. He thingmied it intae America. He pit away a lot o' money, aye he did. And wi' wir hard work, the sweat o' oor brow. Every time ah think o' him ah swear!

HELEN BOYD

Bobby Hogg hut me yince and ma sister walked off the field. It wis durin' the school holidays ah wis oot, tae tell ye the truth. An' oo were roguin' the field, what oo cried roguin', ye ken, efter the tatties were a' lifted, an' we used tae gaun and rogue the field—tae jist put in the time tae five o'clock. An' ah must have fell ahint or somethin'—ah could only be aboot thirteen then—and he hut me ower the back wi' the stick. And ma sister, Mrs Finnon, she went an awfy length wi' him an' she wis gaun tae hit him. An' she walked off the field but he came doon at night for her, ye ken, for tae get her back tae her work. But she telt him, 'Never you dae that again. Ye could get intae trouble for that, ye ken.'

But, oh, he yaised tae stand at The Buckie door and watch for ye a' comin' in, oh, every mornin', every mornin'. Aye, ah mind o' him comin' doon the street tae Amos's Close. He used tae come doon the length o' there and then chase ye up. If ye were late he wid start sweerin' at ye. And, oh, if ye answered him! Yin mornin' some o' them wis late and ma sister (she's dead now), ah dinnae ken, but he yaised tae have an awfy spite agin her. And he telt her for tae lift bags and ah says, 'Ye're no' daein' it,' ah says, 'ye fell already wi' it.' And she hurt her back. Ah says, 'Ye're no' daein' it.' And of course he wis that mad that mornin'. An' he says tae Jimmy Hogg, 'Shut the gates,' he says, 'an' oo'll a' go tae the War.' Ah says, 'Aye, and put ye in the Bantams!'[7]

But ah used tae think if ye answered him back ye got on.

29

But if ye stood and took it . . . Ah used tae answer him back. Ah never wis feared o' him. Ah think it's the best way, ken, if ye answer back.

But Bobby Hogg wisnae bad at times, ye ken, and at other times . . .! Oh, he wis a wee yap at times, couldnae tease him much, couldnae tease him much. He was an awfy man. He liked his half croon's worth oot o' ee. He could be a wee nark when he liked but at times ah got on wi' him a'right.

He wis jist a wee man, less than five foot. He wis thin, aye well enough dressed. He didnae dae any work wi' his hands, he jist came doon and telt us where tae get off and one thing and another, that wis a'. Then he yaist tae come intae the field different times, maybe aboot half past nine or ten o'clock, and come up wi' his stick and thingmy the tatties if there were ony tatties lyin'. You got a row if you left them. Same when oo were at the howin': if ye werenae howin' right, well, ye've had it! He gien them a tellin'-off. He didnae gie them punishment but he could roar and bawl at ee.

He didnae swear as much as what Jimmy Hogg swore. Jimmy was thin. He wis tall. Jimmy used to swear an awful lot. He could dae some sweerin' at times, ken, if ye were late in the mornin'. He yaised tae stand at the door, what oo cried The Buckie door, he yaised tae stand there and if ye wurnae in by twenty-five tae seven . . .! Yin mornin' he locked the gates. Ma sister-in-law Ruby Boyd's Auntie Lizzie come up and Bessie Dougall that's dead now, and Jimmy Hogg says, 'What's the time up there?' And Lizzie says, 'Ah don't know the time.' He says, 'Well, you can go in,' he says, 'there's an excuse.' But he sent Bessie Dougall doon the road! Oh, Jimmy Hogg could be awfy crabbed tae like his uncle. A' for work, work, work, put it that way.

How I got a job wi' Hoggie wis jist went up tae The Buckie, jist opposite where the Citizens' Advice Bureau is the now, jist went up and asked for a job and got it. So that was that. My older sister Mrs Finnon, she worked there, and the whole crowd o' my sisters worked wi' him. I started when ah left St David's school. I wis fourteen, it would be bound to be about 1931. I wis there for a guid while then ah left there and ah went tae the Ever Ready batteries tae work.[8] Ah cannae mind how long ah worked in the Ever Ready and then it wis gettin' closed down, goin' away fae there, an' ah went back tae Hoggie's. But ah didnae work long efter ah got married in 1947.

Well, the nature o' the work at Hoggie's it wis, we were at the gatherin', well, some howked and some shook, what we cried shook, shook the potataes off. And one gathered the big potataes, and somebody at the back gathered the wee potataes. But ye got less pay if ye gathered the wee potataes. Well, we did that. Then all the potataes wis put on to a cart and took to the roadside. And when the motors come in at night we'd tae load a' them up on tae the motor. Then we sat on top o' a' the potataes comin' home. And when we were at the late potataes, ken, yer baskets went oot on the field and there were two on a stent, so we had to cairry that and put them intae the baskets then wait on the digger. And then when the late tatties were finished they picked so many, maybe six or eight o' us, and they got a job at the tattie pits. So we had tae go in there and we had tae strip the pits wi' the clay and the straw. Ye had tae dae that for the frost. And then two shovelled and put them on to this riddle and ye riddled them up, ken, riddled a' the dirt oot an' ye flung them on tae this big table and one o' ye at each side gathered a' the rubbish off it and then they went doon intae thir baskits and we had tae fling it intae a hopper. And then they weighed a hundredweight and oo put the bag intae the hopper, pulled it off and jist put it through ower and it wis sewed. And then as ye maybe got, say, three ton, four ton, ye shifted up a bit, ken, as the pit got out ye had tae shift up and clean a' the mess up.

31

Hoggie's Angels

When oo went tae the late potataes, well, ye ken hoo the baskets got emptied intae carts, and when the carts were full we took them over tae the pit, and they were turned in and the Irishmen used tae shovel them a' up an' then put the straw on and clay them a' up for the winter. That's what they did. But the early potataes, the Irishmen howked an' we howked at the back o' them—there wis about three o' us howked at the back o' them. There were aboot fower Irishmen.

And we were at the shawin' an' a', ye know, shawin' o' the turnips, we were at there an' a'. Ah never liked the shawin'. Ma sister was a braw shawer. She liked it. But ah never cared for the shawin' much. Ah dinnae ken why. Ah liked the potataes and that, ye ken, jist what ye were yaised tae but ah didnae care much for the shawin'.

And I worked wi' the threshin' mill for Hoggie. Well, that wis him jist hirin' us oot tae Camp End farm, 'cause we worked tae Camp End tae. Maybe if they were wantin' somebody for the mill he'd maybe say, 'Well, you gaun ower tae Camp End and work at the mill.' Ah refused yin mornin' and he sent me hame. He didnae have a threshin' mill himself, he jist sent somebody ower. Maybe Mr Allison o' Camp End—because Hoggie lifted a' his potataes for Ellison—he'd say, 'Give me three women.' Jist the same when oo went oot tae Kelsae, six o' us were thingmied oot wi' Adams.

We worked at Kelso, we worked at Heriot, we worked at Hume Byres—that's away doon in the hills—we worked through at Peebles, Hilltoon, Hopefield, an' doon the Duke's home farm at Dalkeith. We worked at Langside and Cowden and East Cowden and up at Larkfield, and Halkerston—that's at Gorebrig—and at Fife's ferm at Mayfield, where a' the hooses are now. Oh, we worked at an awfy lot o' places, ken, up the hills—ah cannae jist mind them a'—Carfrae and a' thae plices. We worked a' the Lothians and the Borders.

But we didnae work ower the Fife side, we never worked ower there, no' that ever ah mind o' anywey.

The lorry took us, the lorry always took us, unless we slep' in. Then we jist had tae walk, it doesnae maitter where it wis. Oh, ah walked tae Halkerston when oo slep' in yin mornin'. It's away by Gorebrig. It wid be about seven or eight mile. But that wis ma ain fault, sleepin' in. I didnae sleep in very often.

Oo'd tae gaun in tae the yard at The Buckie in the mornin'—well, ah cannae jist mind how many ton we'd tae put on thir lorries: on oor back, right oot intae the garage tae the lorries. Sometimes we'd tae gaun up the loft up the stairs for them. An' we got that din and then so many o' us wis sent ower for tae weigh so many half bags o' turnips. And then some mornins oo'd tae go in, load the motors, then oo'd tae go away ower tae the station. It wis dark. And oo'd tae put so much seed tatties intae the railway waggons in the mornins. And then oo came back an' oo went tae oor work at the fields and they bid us sit on the table for the tatties for a wee while till daylight came right in, and that wis us tae five o'clock at night.

I think the wages when I started were 1/3d. a day. I'm sure they were. I think it wis half-a-crown or 2/9d. a day we got when we went on to the late potataes. That's what oo got but, oh, it's away in later years, we got five shillins. But we worked years afore we got that five shillins.

No holidays, no holidays, no Christmas, no New Year, nae holidays tae us, bar when the big Fair came we got away a wee bit early maybe. But that stopped too. Oh, we never had any holidays.

I wis off, well, maist every yin o' us that worked there was off sick. Got not a penny when we were off sick. An' ye'll ken hoo long ye'd tae be off before ye drew Employment. If we were off maybe two days we got not a penny at the buroo either, got nothin', not a penny.

There wis never talk o' a union, no, nothing, nothing whatsoever. No union—couldnae fight for anythin' either. Even if you got an accident ye wouldnae daur claim compensation for he wouldnae gie ye it. Ma sister-in-law Ruby cannae straighten her back—she fell wi' a bag o' tatties. Never got nothin'.[9]

There were nothin' in Dalkeith for us, no other employment. We had tae dae it. When ye left school it wis jist that ye got the job ootbye and ye had tae dae it. That wis a' that wis tae it. There were nae other job that ye could dae, bar maybe gaun intae Edinbury or that. But, ah mean, where wis ye gettin' a' the money for your bus fare? We hadnae got it. I never wanted tae go intae domestic service. Ma other sister she wis in a' that, but no' me. A' the rest o' us worked in the field. We worked ootbye, the whole lot o' us. Nup, there were no other employment for us in Dalkeith, nothin' but the Parish, what they called the Parish.[10] But see if ye went there and ye maybe had a day comin', two days, ye got nothin'. Noo what wis half a croon or that? 'Course we'd get a lot o' things wi' that then, I'd say that. But, ah mean, what could ye dae? Ye couldnae get nothin'.

We used tae sing. We used tae sing, 'Bobby Hogg, Bobby Hogg, ye little bloody rogue.' That's what oo used tae sing! Excuse me for swearin'. Oh, we sung a' day. Comin' back fae work we used tae dae it. Oo had rare fun really. It wis the days o' our life. Oo enjoyed oorsel'. It wis hard work but oo enjoyed it really, ye ken. Ah mean, ye got a rare laugh tae what ye get the day onyway.

How we got ca'ed Hoggie's Angels, well, as far as ah know it wis the Snodgresses down here at the ferm when, maybe the likes o' ma sister, the aulder one, when they had went for the tea, the fermer's daughter said, 'Oh, here's Hoggie's Angels, mum.' So that's hoo they said it begun! We got cried that and folk shouted after us in the street, 'Hoggie's Angels!'

Helen Boyd

Oo used tae take the eggs at the ferms. Ah mind oo were at Carfrae and oo were sittin' in this big shed and, oh, the eggs—there were galores. And oo took some in oor pitcher. An' we dug a hole in the grund and we put them a' in the hole in the grund. The fermer come up lookin' for them. And ah mind the gaffer Jimmy Clark says, 'Maybe the rats has been at them.' But they didnae ken we had the eggs. And we had rabbits and everythin' we used tae bring hame. We never took hens. If we seen an egg, aye, we took it. And we had treacle. And yon locust, we used tae eat yon! We used tae eat a bit o' that. Oo got it in the barns.

But we never touched—we werenae allowed a tattie, never got a tattie. Hoggie wouldnae gie us a tattie. Ye'd ha' got the seck if ye took one potatae. Oo never got anythin' like that, no, never took a tattie, wouldnae be allowed, because they drove the lorry right intae the yard. See, there were nowhere ye could put tatties. Oh, no, Hogg never searched the girls. But mind there wis a girl worked over there wi' us—ah cannae jist mind her name. And her brother had come doon tae the Duke's — ken, ye yaist tae get a lot o' folk comin' doon watchin' ye workin'. And he had yin o' thae horse boots and he lifted a wee tattie. And Hoggie secked that lassie for it, sent her up the road. Ah mind o' that. But ah cannae mind o' any other girls being secked for that, for there were nane o' them took the tatties for they kenned no' tae take them. They widnae daur because ah mean it wis the only kind o' work oo could get then. If we got the seck fae there, well, that's us had it.

Ah mind aboot Hogg and the tax. Ah can mind him standin' at the gate o' the yard, and he says, 'Oh, ah could double that.' It was the Town Council's War Fund target, an' he says, 'Oh, ah could double that.' So oo said, 'Quite suppose he could.' Oo never heard nae mair efter that until oo heard he wis away doon tae London fur tae get tried. It wis a heavy fine he got fined.

Hoggie's Angels

It wis efter the War Hoggie died, ah remember that, 'cause he's buried up at Dalkeith there. He had a big funeral, a guid lot o' folk there, well, ah mean, a' the business folk and that would be there. An' all the Angels were there. Isa, ken, Mrs Drummond and them a', and Jenny Dougall, oh, they were a' there. Jimmy Clark the gaffer he wasn't left nothing, not a penny, nup, nup. Well, he told me that anyway. And he had worked there for years that ah ken o'.

Ah couldnae tell ye nothin' aboot Hogg if he was active in Dalkeith but I think he went tae St John's Church. I'm sure he did.[11] But ah dinnae think he was in anythin' like a political party or anythin' else, ah don't think so.

A lot o' folk didnae like him in Dalkeith! Ah can remember, and ah wis jist young at the time, but oo were at Easthouses road-end workin' at what d'ye cry that ferm? Snodgresses— they're Snodgresses tae—and oo were workin' up there and they had two diggers gaun, up and doon, up and doon, ye ken. The sweat was droppin' off the horses and thir miners came doon fae Easthooses an', oh, ye want tae heard the length they went. They were gaun tae report Hogg—the wey he was workin' us and the sweat droppin' oot the horses. Phheww! Drove us hard!

JENNY DOUGALL

Ah wis born and brought up in Dalkeith, Amos's Close. First job, when ah left the school—Hoggie's. Ah wis between fourteen and fifteen. Ah wisnae wantin' tae go tae service. Ma mother wanted me tae go but ah widnae. Well, ah didnae like steyin' away from home. Ah wis lame. Ma mother used to know a Jimmy Clark. He was the gaffer then, and jist automatically ah says ah wisnae gaun tae service, ah wis jist gaun tae Hoggie's.

I started at Hoggie's about 1935 with two shillins a day. And then, how ye got putten up, we got a rise o' thruppence—2/3d., and then ah went up to 2/6d. Oh, things were hard. Ah wis the eldest o' the family. I had brothers and sisters. I had a brother workin'. Ma sister she wis jist comin' up for tae go intae domestic service. But the rest were a' at the school. Ma parents depended on ma wages. Ah gave ma wages up. Ah never opened ma pay packet for a' the time ah worked. Ah didnae bother gettin' anythin' back 'cause ah wisnae one for goin' oot.

Wir gaffer at Hoggie's used tae say: 'Hard work killed naebody.' An' another thing he used tae say, 'Hard work's easy tae find.' See how the tractors dig up potatoes now? Well, we used tae go up ahint these Irishmen and dig. We ca'ed them graips but the right word is a fork. There were aboot five women. Each one had their own dreel and the other women gathered the potatoes and shook the shaws. And you were diggin' all day for that. That's when ah wis jist

37

fourteen and fifteen, diggin' the potatoes.

We worked fae half past six in the mornin' tae five o'clock at night. And in the summer time, if there were extra work, we came home at six o'clock and back again for half-past six, tae catch the motor. And that was us workin' tae aboot quarter tae ten at night. That wis jist in the summertime, the likes o' hoein' the potatoes and singlin' turnips. We got ca'ed out with the boss for overtime. But it wisnae much.

Ah worked in that yaird doon in Dalkeith. That wis The Buckie. Ah worked a long time in the yaird. Ah used tae check the motors when they come in wi' what they had left and mark it a' doon in the books, keep coont, and hand the book in at night.

And ah've seen me comin' up tae the hoose at twelve o'clock and a ton o' coal lyin'. That wis ma lunch hour. Ma dad worked in the pits and he'd be workin'. And ah've seen another man sayin', 'C'mon, Jenny, I'll gie ye a hand.' And that wis me gaun back doon tae The Buckie for one o'clock. But, ye see, ah didnae mind daein' it.

When ah got workin' in the yaird ah wisnae in the fields, ye see. Ah'd jist tae go maybe if we were shawin'—get ma work done in the yaird and then ah had jist tae gaun away shawin' and the lorry drivers used tae come and collect me and lift a' the turnips ah had shawed. Oh, ah liked shawin'. Ah've seen times the turnips had icicles hingin' fae them but ah didnae wear mitts, jist the bare hand. Oh, a cold job, but ah liked it.

I used to single turnips too but no' very often. It wis only if the farmers said to Mr Hogg, 'Get yer squad for the morn', ken, somethin' like that. Ah didnae like workin' wi' brussels sproots or anythin', cannae be bothered wi' it. Ah'd nae time for that! Ah preferred the potatoes and ah liked shawin'.

Ah worked in Bobby Hogg's hoose tae forbye. Ah wis the servant. Ah worked sometimes three days a week—an' if it wis spring-cleanin' it wis four days a week. But ah was still gaun back tae the fields the other day or so. Ah worked back and forrit, ah wis about fifteen year workin' back and forrit between the fields and the house.

Ah wis a bit older when ah started cleanin' his house. It was the girl that was leavin', she had said tae the boss, 'Jenny Dougall is a guid worker. Put her in.' And that wis me. I would maybe be about twenty then. It wis the beginnin' o' the War that took place. Ah did the cleanin' an' the washin'— everything, you know how ye do—an' dusting. I didnae dae any cookin', Mrs Hogg, his first wife, did that.

Mrs Hogg was a nice person. She wis a farmer's daughter. They came fae—oh, ah cannae mind the place but it's somewhere nearer Danderhall. Ah wis the servant when she died. It wis durin' the War, 'cause ah wis in the 'ospital and she used tae come in and see me. She didnae keep too well at times but seemingly she got worse. He got married again but ah didnae ken the second wife so well.

Bobby Hogg lived at Woodbrae, Eskbank. Ye can go through the park and it's on your right-hand side. It wis a big house, oh, ah think there were four bedrooms up the stair. And there was a big staircase, lovely, beautiful it wis. He didn't have any family. Ah knew his two nephews, Jimmy and Bobby. Bobby was in the Air Force.

When the War came ah volunteered for the N.A.A.F.I., ye ken, in the A.T.S., for tae get away fae the fields.[12] Ah wis wantin' tae have a go at the army. Well, ah put in for it. Well, oh, ah never heard. Aboot a week efter that here's Jimmy Clark, he wis the gaffer, he came up. He says, 'Jenny, ye've tae go doon wi' yer birth lines tae the office.' Ah says, 'What for?' He says, 'Ah don't know. Ye're jist tae go doon.' Ah wis jist in fae ma work and ah had tae trail away doon Dalkeith again. Hoggie's yaird was where the Municipal Buildins is, at the other side. An' it wis jist, they widnae take me because ah wis on the land—reserved occupation. Ah couldnae leave until the War finished. If ah wis wantin' tae leave ah couldnae leave. So ah worked wi' Hoggie's till well after the War, in the 1960s. I would be 46 when ah left Hoggie's and they were a' surprised at me leavin'. But the old boss, Robert Hogg, he died when ah worked there.

He wisnae a bad man. But nae maitter how hard ye worked ye were jist classed like anybody else in the field. He didnae gie anybody no more money.

Ye darenae touch a tattie. An' if ye were caught, that was enough: 'If ye dae it again dinnae come back!' But ah'll tell ye, when we used tae work away up at Whitehill, if we were arguin' wi' the gaffer—he had a temper, ken, what temper sometimes—ah used tae say, 'Oh, there's your tatties,' and walk away doon the road. And he's shoutin' back, 'You'll have tae come back the morn's mornin'.' So oo had tae! We had nae other job tae go tae. Some o' the other lassies were the same. They yist tae walk doon, walk off the field and they had tae come back jist the same 'cause there were nae jobs, no, not a thing in Dalkeith.

Oh, things were hard! There used tae be a baker at the end o' The Wynd and we used tae come doon early in the mornin' for tae get a' the cheap buns that were left fae the night before, for oor piece for tae gaun away. Ee'd jist tae take a slice o' bread or two slice when oo kent oo were gaun tae the baker and oo used tae get a big load.

We used to travel as far as Walkerburn, Innerleithen, Peebles, Biggar, Lamanchie, and away by Livingston. We used tae go over Soutra Hill tae Lauder. Fala Dam, we used tae go there. That's how they used tae shout, 'Here's Hoggie's Angels comin'!' Aye, at Fala Dam they'd say, 'Here's Hoggie's Angels comin'!' They used tae get a'thing cleared away! 'Cause the Angels raked a' roond aboot the ferm tae see if they could get anything. Ye used tae get the eggs, ye ken. The fermer came doon yin day an' he says, 'Jimmy, ma eggs are a' missin'.' Jimmy says, 'Aw, ah dinnae ken nothin' aboot that.' They were a' buried under the soil! What things they used tae dae! Nae wonder ye got ca'ed Hoggie's Angels! Well, ye used tae be sittin', ken, in the shed and ye jist looked round and the eggs are at the back o' ye, and, oh, 'There are bound to be mair lyin' about.' And we jist went away, jist like anybody else wid dae . . . Oh, ah seen them suppin' a wee drop treacle over at Millerhill.

People called after us in the street. Ah've seen us walkin' doon—'Oh, there's Hoggie's Angels!' Never thought nothin' o' it, didnae bother. Somebody else used tae say, 'Ye'll be gled o' Hoggie's Angels at times!'

There were songs that the girls made up an' oo yaist tae sing them on the lorry aboot Hogg, Bobby Hogg. But no' drastic, nae ill-feelin'. Somethin' aboot the wages bein' ower small. Oo jist jumped on the lorry and oo sung songs in the snaw and the rain comin' doon, an' nae bother.

Oh, see on a rainy day. If we were in a shed everyone was made tae—ye had tae sing. Nae maitter if ye couldnae sing or no' you had tae sing. They used tae bring a pack o' cairds, play at cairds. But they liked the singin' better. And we used tae a' sing. And, oh, aye, we used tae dance, them that wis singin' they danced, aye. They yaised tae take their wet clothes off and dance in the barn, jist like a barn dance!

Auld Minnie, she used tae stand at the side o' the table at the tatties. Oh, she worked years wi' Hogg and we got some laughs wi' her! Ah couldnae tell ee what Minnie was, ken, Irish or what. She wis a nice person tae for a' she was auld. But if ye tread on her toes, ye ken, oh! oh! Ah think she wis married, ah cannae mind her married name. She lived in Dalkeith, what we called The Wynd. That's jist where the pawn shop wis. She wis in this pend and that wis Johnston the pawnshop there.

That Mick Sweeney, he was an auld Irishman. That's whae

we followed in the fields. We got on fine wi' the Irishmen. Oh, a lot o' teasin'! And the lassies—sometimes the lassies were worse than them because they used tae answer them back!

I was there when Hoggie had German prisoners workin'. At first they didnae get anything tae eat. But through time they got rolls and ah used tae butter so many rolls and so many jam and cheese, every mornin'. Ah mind o' them fine. There were aboot thirty German prisoners, could be mair, ye ken, ah cannae really mind. But there were some nice fell-aes—and others, ken, but ye git that a' ower the place. Some came fae Gosford camp doon in East Lothian. And then there were a camp doon in the Duke o' Buccleuch's estate at Dalkeith and they used tae come from there.

Ah wisnae one for goin' oot at night. Ah didnae go oot. If ah got intae the picter hooses that wis a'. Ah liked the picters. It wid be aboot a sixpence tae get in, ah think. When ah started wi' Hogg, ah used tae run up, get ma dinner, and run doon for the first hoose. Sometimes three times a week—it a' depends what wis on—but ah wis there. Ah used tae go and ah used tae fa' asleep and the usherette used tae say, 'C'mon, Jenny, it's time tae get hame.' Oh, ah wis worn oot, right enough, workin' in the fields! But that wis the most enjoyable job I had, despite the boss! The Angels were jist nice folk, ken, hard-workin' folk. I enjoyed working. If I was able now I would be oot.

The old boss, Robert Hogg, he died before ah left Hoggie's. The place wis closed that day he got buried. Ah remember the funeral. Ah stood wi' the other women. The Stoddarts and a' them were there and ah went. But ah never went near, ah jist stood away. It wis a big funeral, oh, aye, a big turn-out. He didnae deserve it! What a way tae talk!

ALICE WOODCOCK

It must have been a few months I was there. That was ma furst job. Well, when ah first left school ah went to Hoggie's. Well, ah mean, ah lived in Dalkeith and they were all around me that wis workin' at Hoggie's. Everybody used tae say tae me, 'Well, away you go up to Hoggie.' And ah went up and ah got started.

Ah wis born in Thorburn's Buildins, that's Buccleuch Street. And then we moved to what was once the Back Street, next to the brewery, where ma sister worked. And then when they came inspectin' the houses—the houses were damp, old houses—we moved across to Gibraltar Gardens and I was there fifty-nine year.

I was born in September 1920. Ma father he was away from ma mother for years and years. Ah don't remember him. But ma mother had the hard time. At night she went out and worked at Douglas's flour mill in Dalkeith, weighin' flour and oatmeal and packin' it and sewin' the bags up.

Ah had three brothers and two sisters. Ah wis the second youngest. Ma brothers Jimmy and Peter were down the mines first and the dampness was goin' for them and they had to be brought out the mines. My youngest brother John worked in Bell the baker's. Ma sister Nettie used tae work at Dalkeith Brewery, and ma sister Annie worked in Wilkie and Paul, the tin box makers, at Gorgie in Edinburgh. And it wis in there ah went for a few weeks after ah had worked at Hoggie's and ah couldn't stick it. Ah had tae go work out on the land.

Hoggie's Angels

Ah wis fourteen when ah left school and got started at Hoggie's, so that would be 1934. Well, at Hoggie's you got 1/9d. a day and then ah got the 2/3d. It wasn't very much money. Ah gave a' ma wages to ma mother. Yes, ah did. That wis one thing. You could get subs but ah never, because if ah took the subs ma mother wouldnae have it for the week-end. Ma mother depended on me for the week-end, and then ma brothers and ma other sisters were workin'.

You had to be up at the yard by a certain time, about twenty to seven, I think it was, for the lorry comin' in. Before they went on the lorry Bobby Hogg wid get on tae them, tae get a move on and not waste time. It wisnae 'not', it wis: 'Dinnae waste time!' Goin' up tae the yard in the mornin' the girls went tae the baker's shop and they got a grand bag for their piece for thruppence—a pie and a' this in it, and a roll, a bun, a cake, different things in it. A lot o' us went for them. And if he seen them Hoggie used tae be down the street. He went down the street lookin' for them to see if any o' them were at that baker's. Oh, he done a lot o' bawlin' at the girls. If he could bawl Bobby wid dae it.

Sometimes ye took a piece with ye. Well, ah used tae like raw onion and cheese. Ma mother made up the piece. But ah always had a spoonfae of olive oil before ah went out in the mornin', because it wis a good thing.

Well, ye had to be up there at the yard by a certain time for him. I didn't load the lorries at the yard. I loaded them on the fields. On the cold mornins ye had tae get on that lorry and see if it was fair up at the other fields. Oh, my goodness, honestly, ye went a' ower wi' Hoggie. Ah mean, ye went away up by Gorebridge way and ye had tae go up by Pathhead. And Somerville's ferm, ye went up that way—that's down by the south-east, Musselburgh way. We didnae go to the Borders, well, no' as far as ah can remember. We went maybe on to the Peebles road, but no' tae Peebles itself.

In the fields, well, when you were only fourteen, the young girls had to go up between the dreels and separate the shaws. So that the woman was diggin' with the graip, the young girl was pullin' the shaws. An' then there was an older woman pickin' the ware and she would put them in the bag. After ah was separatin' the shaws ah was pickin' what was left for the piggery. We got week about with the shaws.

Ah worked for Hogg durin' the winter. Aye, an' that wis at the tattie pits. They were all built up and then strae up the side o' them. And then the earth on top o' that. And if they thought it wis goin' tae be bad there had to be more earth put on top o' it. Everybody had to do it. It didnae matter what age you were. It wis hard workin' days.

Well, ye had tae work through the winter for the tattie pits, for the weighin' o' the tatties an' that, and baggin' the tatties. Ye did a' that sort o' work. You had to carry the tatties on to the lorry in the fields. You had a stick, there were two o' you would have this stick and an ear each o' the bag and on to the lorry wi' it. It was heavy work for a girl o' fourteen. But I never had any ill-effects. People were better fed then. Everything was home made.

We had to stop for our breakfast—nine o'clock—and our dinner, twelve o'clock. Ye just sat in the field. If it was wet we had tae go into some o' the sheds belongin' the farmer. By golly, ye could get soakin' wet. But that didnae make any difference tae Hogg. Ah often wonder if that's why they got cried the Angels, comin' back home on a lorry and gettin' soakin' wet!

Ye were brought back tae Hoggie's yard. And ye had tae walk home. The girls all belonged Dalkeith. Ah got on wi' all o' them.

Ah remember Old Minnie and Old Mary Ellen. Minnie lived in Baker's Land and Mary Ellen lived down the High Street. Minnie used tae sit and smoke her pipe and so did

Mary Ellen. Oh, they were up in years a good bit. They'd been there for years and years, but they worked hard. They were good workers. Were they Irish? Well, ah couldn't tell ee what religion they were. They didn't speak with Irish accents. Later on Old Minnie came tae Galbraith and Roy, the tattie merchants, wi' us. And so did Mary Ellen. And then Minnie took ill many years after it and died. Old Minnie and I were great friends. She wis never married. Mary Ellen wis married and they used tae tell us that many's the time that Mary Ellen's man put her in an old tick thing—you know, a tick that you have for a bed. And her man put her in one o' those and it's a good job there were holes in it, 'cause Wull Nicol, the scaffie, had tae let her oot. Her man had tied her intae it, well, ah think she used tae drink a lot and this is what her punishment wis. Ah cannae recall Mary Ellen havin' a family.

Some o' the women had worked wi' Hoggie's for years and years, oh, they had, they had, that's one thing. And, ye'll know it wis heavy work. But still although it wis heavy work it didnae make any difference to people. People were a' friendly wi' each other and they helped each other. We all got along well.

On the lorry they used to sing! Oh, dinnae ask me aboot the songs. And Mr Johnston that had the pawnshop, if they were comin' down the road and Mr Johnston was comin' down they used tae shout, 'Uncle Jimmy!' tae Mr Johnston. Well, quite a few of them went intae the pawnshop. Ah mean, it wis their own they were takin'. Well, people had tae get by. But, ye see, nowadays they don't know a thing about that.

Some o' the Angels used tae try and take tatties in a pitcher or somethin'. And if they tried to take them and Hoggie caught you, oh! Bobby Hogg went to town on them! That was it. Well, they used tae go intae the farm, big haysheds. And some o' the hens had been in there and they'd been layin' eggs and the girls would take them. And others again would go into some o' the henhooses. But ah wisnae guilty o' that. Well, ah wis quite young and ye were frightened to do it.

Oh, he wis a hard man, wee Bobby Hogg. He was a man he didnae have much tae say tae anybody unless he had remarks tae pass tae ee, gettin' on tae ye. Well, ah cannae say he got on tae me, because ah always kept clear o' him! Ah didnae like him. Ah didnae care for him, I'll be honest wi' ye. Later on, when we were on Galbraith and Roy's motor we used tae call tae him from the lorry, 'Greedy Bobby!'

Bobby came intae the fields a lot. He wis there to make sure the work was gettin' done. And he didnae think twice aboot givin' ye a whack wi' the stick. I can't recall, honestly, that he ever whacked me. Jimmy Hogg, his nephew, well, he never bothered ye an awful lot. But he wis a hard man as well.

When ah got started at Hoggie's it was Jimmy Clark that was the foreman then. Jimmy was a guid man. Yes, he was a good man, that's one thing about Jimmy Clark. Nobody could say a wrong word aboot Jimmy. He looked after the girls, that's one thing aboot him. As ah wis leavin' Hoggie's, ah think they were startin' tae stick up for a rise and Jimmy stood by them.

In the fields ah used tae wear a skirt and jumper and that. Well, ah never wore jeans or anythin' like that. In fact, ah didnae wear stockings for a long time outside, there arenae any good o' tellin' a lie. But Wellintons were too heavy, ah think, on the land. Well, when I wis wi' Hoggie, it used to be an old waterproof, any old clothes that ye could get, shoes.

Aye, the good old days! Well, ah got a shillin' from ma mother for ma pocket, because we used tae go tae the dancin' up the Back Street—sixpence tae get in. And then when we come out at night we went tae the chip shop for a white puddin' supper—thruppence. The other thruppence, well, ah spent it on sweeties! Then you had 2/3d. wages a day, but ah got 1/6d. a week then. So we could go intae Edinburgh. The train used to come to Dalkeith station. And we went intae Woolworth's in Edinburgh and we got a cup o' tea and a quarter o' these Squirrel Mixtures—tuppence. And then after we got that we used to get away down for the train and come home. Ye had to be home by 4 o'clock—3½d. return. This was a Saturday. Then you came home and you got your tea and you got yourself prepared to go to the dancin' at night— sixpence.

After workin' in the fields, well, ah'll tell ee what, you didnae get to rampage about the streets, how they're doin' now. Ye got to stay on the street ye belonged. And after ye got your dinner ye maybe slept for a wee while and then ye went away and got your face washed and went down and played wi' kids at skippin' ropes. Ah wis still doin' that when ah worked at Hoggie's! Well, ah mean, married women used to do it as well. There was no money for doing anythin' else. Well, ah mean, you could buy somethin' for a ha'penny or a penny. And if we werenae doin' that we used to go round to Calder's window, that had the shop at the end o' Tait Street, and they had that many boxes o' sweeties in the window, and we'd play at guesses and run from the window to the lamp-post. Ye couldnae afford to buy the sweeties, well, ah mean, ye had only your thruppence left.

There wasnae much employment in Dalkeith. Well, there was a carpet factory. But ah think they got relations in. And ah didnae have anybody there. Ma sister worked there at first an' then she left and came to the brewery.

It must have been a few months I was wi' Hoggie. Because ah got 1/9d. a day for quite a while and then ah got the 2/3d. And then when Mr Sim over at Melville Grange farm offered us the three shillins, a lot o' us went away tae him. It was somebody that told us and ah went tae see about it. You know, Mr Sim was a right gentleman, honestly, he wis awfy good.

Ye had tae walk tae Melville Grange. Well, they wouldn't let you on the bus because you were a tattie lifter! No, no' in those days, they widnae. Ye had tae walk there and walk back—say, about two-and-a-half miles. Well, ah wis fifteen past then. But then there used to be a crowd of us walkin'.

And then when Mr Sim's friend Mr Roy, the tattie merchant, came on to the field, oh, a few months after it, we thought he wis Henry Hall the bandleader.[13] 'Well,' Mr Sim says, 'Henry Hall the bandleader's wantin' ye tae lift potatoes for him. An' he's goin' to give you 3/6d. a day.' So we went and we lifted them for Mr Roy. And then we werenae there long till Mr Roy put up the wages again. That wis a better job than workin' for Hogg. Ah never wanted to go back tae Hogg, oh, no. Although, if we were all startin' over again everybody would do it for the sake o' havin' a job.

Ah worked on the land till 1968. And then ah went inside tae work. Ah went intae Littlewoods in Edinburgh and that wis clearin' the tables. Well, ah missed the land, but ye werenae gettin' wet and that. But I always enjoyed the work. I'll tell ee that I did, because you did see the beauty o' nature. When it wis the autumn ye did see how the leaves were turnin' and changin' and then the trees without any leaves. And then as it wis comin' into spring you were seein' the wee buds comin'. Ye did see the beauty o' nature there. Ah liked that, yes, ah did. It was, honestly, happy days workin' ootside on the land.

Betty Foran

Ah wis speakin' tae a wummin about six month ago—I dinnae even ken her name—and we were bletherin' away and she says, 'Ken, ma back's awfy sair. I used tae work in the Land Army.'[14] Ah says, 'Oh, ah used tae work on the land,' ah says, 'but it wisnae the Land Army.' She says, 'And thae Hoggie's Angels,' she says, 'oh, they were terrible!' Ah says, 'Well, for your information, hen, ah'm a Hoggie's Angel but we werenae as bad as what the folk made us oot tae be.' And she wis fair delighted. She says, 'Fancy, a' these years bein' feared o' Hoggie's Angels and now ah'm talkin' tae one.'

Hoggie's Angels wisnae ma first job. Ah worked in the chip shop for twelve shillins a week. An' ah got two shillins pocket money. Well, ma mother got the ither ten shillins. An' ye know, ah bought a bike off ma first wages an' ah peyed 1/6d. a week for that bike. Ah had it for aboot, oh, three year, an' it was an awfy bad winter an' it wis a Christmas mornin' an' oo hadnae even a slice o' breid tae eat—that's true. Ah says tae ma faither, 'There's the bike. Take it doon tae Dickie's. Sell it.' And he did. And ah think he got £1.50 and that's when oo got oor bread, eggs, a wee bit ham, and that wis oor Christmas breakfast. We hadn't even a Christmas tree in oor hoose at that time, so ye'll ken how bad things were.

Ah was born in Tabernacle Close, Dalkeith, in 1921. I had two sisters a lot older than me. And they were workin' wi' Hoggie long before me. They've baith died. Ah went tae Hoggie efter ah worked in the chip shop. I'd say it wis aboot

Betty Foran

1936 or 1937. I would be aboot fifteen tae sixteen 'cause ah wisnae that long in the chip shop. An' ah worked in Hoggie's a' the time. Ah never worked efter ah wis merrit, no' in Hoggie's. It wis durin' ma single time. And by God it wis hard.

The auld devil—that's Bobby Hogg—he used tae stand wi' his walkin' stick, and if ye were two minutes late, what he used tae tell ye! He used tae come doon the street an' if ye were maybe comin' up slow, if ye slept in, he used tae bawl and shout. He used tae shout, 'Aw, ye were oot the night before. And bloody men and a' this cairry on.' He was a wee man, the most miserable man ye could get in Dalkeith. And his nephew Jimmy wasnae much better, he wisn't much better. And sometimes if ee slept in and the motor was away he wid tell ye tae go hame. He should have said, 'Well, there's a job in the yaird.'

A' the lassies went in there and loaded tatties on their back before ye went tae a tattie field. Ye used tae take the bags that wis made up, maybe fae the night afore, and put them back on the lorry. A' the women cairried the bags—a hunderweight. That's truth.

And then the day's work started when you went oot tae the fields. Hogg planted the potatoes for the farmers—we used to plant them for them. And then efter the tatties grew so long ye jist went and ye howed them a'. And then they came up. We used tae go back in the summertime and lift them a'. That's when ye started graipin' them wi' your graip. That wis the early tatties. Women had graips and ye used tae howk. And there were maybe, say, aboot two to three men, Irish fellaes, like first, second and third, and then ye maybe had four or five women at the back. And we had tae keep up wi' thae men and thae men wid maybe get two or three pound mair than what the weemen got and yet we did the same work. And then when ye went tae the digger—that wis your winter tatties and ye jist had tae gether them a' in the baskets and the fellaes that

51

worked on the ferm they come and emptied them a'. And then oo used to pit them a', put them in pits. And efter they were a' pitted he used tae keep on so many workers and they used tae go roond diggin' a' the grund and puttin' mair durt on the pits tae keep them secure for the winter. And then oo used tae go back again in the winter and jist sort o' clean them a', take a' the straw and everythin' off and clean them. That wis tae sell them tae the markets and things like that.

The drivers they come in and they were up on the lorry. They were quite nice. Sometimes ye used tae tell them for tae bugger off—that wis bugger, but more or less it wis the big words, ye ken. And they used tae stand up, 'Come on, want tae get this lorry loaded. Ah've got the fitba' tae gaun tae and ah've got this tae gaun tae.' And oo used tae be sweatin', sweatin' like beasts puttin' thae bags up on the lorry and cairryin' them on oor backs. A hunderweight, a hunderweight o' tatties we used tae put on oor backs. Just young bits o' lassies. And everybody had tae dae their share. And there had tae be three lassies helpin' the bags on to the other lassie's back. An' sometimes maybe we were walkin' a quarter tae half a mile oot the fields on to the lorry.

And many a time we used tae work in the snow, the rain and everything. Well, when they used tae stop, ye were that bad ye were soakin' through and through. In the summer days it wis really rare but ye still had a' that load.

I started work at half-past seven in the mornin' till five o'clock at night. Sometimes it wis that dark in the morning ye couldnae see. So we jist went intae the stables on the farms until the light came on.

Never had such a thing as a holiday. Ye got Christmas Day and that off, ye'd maybe get paid for it. And sometimes—ah cannae mind far back—if ee took a holiday ee didnae get paid for it, or if ye were there so many years, ah jist couldnae tell ye. When I first began, I don't think there were a holiday. Ye had tae work a' the time, unless ye were no' weel. At Christmas ye never got nothin', Bobby Hogg jist says, 'Mind and come up and be at your work the next day.' We got one day off, that wis a'. Aye, he widnae gie ye much holidays, Bobby Hogg.

He had nae time if ye were ill, nae time for illness. If you were no' weel or anything he had nae time for ye. Well, at that time it wis on insurance, ye got an insurance. Ah think it wis only aboot eight shillins a week, that wis a' ye got. I've been off sick many's a time. Ye were gled tae gaun back tae work tae make yer money. Oh, oh, it wis awfy hard times. It wis really hard. Ma sister wis off for aboot three weeks and he never even says, 'Oh, how is Jessie gettin' on?' Ah think Bobby Hogg wis a man he wasnae carin' what he did dae and what he didnae dae as long as ye din the work and he got a' yer work oot o' ye. He couldnae care what happened tae ye, if ye were ill or no', as long as he got his work done—and cheap labour!

At the tattie howkin' the Irish fellaes wis on front and the women had tae keep up wi' the men. And they got mair than what ever oo got and we had tae dae the same kind o' work as what the men wis daein'. Many a time we used tae greet oot for mair money but it wis a' the same, jist if ye werenae pleased ye ken where tae go tae.

When it wis aboot what we used tae cry the digger time— that's when the new tatties comes on—well, aboot a week before the new tatties, when the digger come on, we used tae tell ma mother it wisnae till next week—but the digger come on that week. And that wis a wee bit extra coppers in oor pocket if ye wanted tae go tae Edinbury.

Ye used tae get sub Tuesdays and Thursdays. And maybe if ye worked two days, Monday and Tuesday, your mother used tae tell ee, 'Lift two nights' sub.' And then you worked Wednesday and Thursday and you maybe got a new two-nights' sub. And oo used to pray tae God that it wis fair Friday and Seterday so oo could get oor pocket money off the one-and-a-half days that's comin'. An' if it wis rainin' we got nae sub, nae pocket money. They telt ye tae go to the hoose and ye never got paid for that. And Anna May Thorburn that used tae work in the office, she made sure that ye didnae get peyed for it. Because whenever the rain came on Anna May wid mark it doon. An' she'd make sure ye didnae get anythin' extra.

And then ah packed up Hoggie's and ah went tae service—[15]thought ah wid pack up the fields and try tae be a wee bit decent. Ma mistress ah used tae work wi' in Eskbank was a Mrs Hunter. But there wis one day ah wis gaun for her messages and it wis aboot ten tae five when Hoggie's lorry passed and the Angels a' shouted, 'Aw, Betty!' Ah said, 'Oh, ah'd love tae go back.' And ah wis only workin' in service for thirty shillins a month. Ah met the gaffer, Jimmy Clerk, 'Any jobs, Jimmy? For,' ah says, 'ah'm seek o' up there and,' ah says, 'ah seen eez passin'.' So ah started wi' Hoggie's again on the Monday. And that Mrs Hunter went doon tae ma faither and mother tae try tae get me back tae service. Ah wisnae that long in service. Ah tried tae better masel but ma hert always pined tae go back tae Hoggie's Angels.

It wisnae a case if ye liked the job, it wis a case of it's the only job ye could get. Ye couldnae work in a shop because ye hadnae the brains tae work in a shop. Then another time ah packed in the job and ah went in tae the rubber works in Edinbury for aboot a month or six weeks. And ah used tae hate in there and ah'd tae cycle. Ah couldnae afford tae get a bus there. That's when ah still had ma bike and then of course ah selt it for Christmastime. But oo always came back tae the fields, always came back.

Ah wis quite happy in the fields. The only time it wis really bad was winter time. Oh, it wis bitter cold in the winter, it wis really bitter. Ah used tae get ma faither's old drawers on— long johns. But ah'm talkin' aboot hez long johns when he wis feenished wi' them. The legs wis a'—your knees was a' oot o' them. But ah still wore them because it wis warm. And Wellinton boots or men's auld boots, whatever ye could get on yer feet. Once ah had nae boots and ah had tae go runnin' up and doon wi' nothin' practically on ma feet. And ma friend Mary she went intae this shed, in fact ah think she broke intae the shed if ah mind right. And 'Oh,' she says, 'ah've fund Wellintons, Betty,' she says. 'Come on.' So she brought this Wellintons oot. They were twa left feet. But ah still wore them, still wore them. An' ah can remember ma sister Jessie had got a pair o' bits fae wee Bobby Hogg and she says tae me, 'Ah'm no' gaun tae weir thae things.' Ah said, 'Well, ah'm needin' them. Ah'll wear them.' And ah wore them for aboot six month—men's bits. He used tae like oor Jessie. Ah dinnae ken why. Him and Jessie got on awfy weel, dinnae ken why, but she did.

We used tae wear troosers, ye ken. It's ma faither's troosers we were wearin'. Auld bits belongin' tae yer faither. Ye couldnae afford tae buy new bits or anythin'. Oh, ye jist used tae go tae jumble sales and jist bought the old troosers and ye bought gloves for your hands for the winter at Auld Jeannie Young's, the second-handed shop. But mair or less we had mair gloves in oor pockets than what oo peyed for! And ye had, well, it wisnae a hat, it wis jist a heid clout, but we used tae have it right roond an' yer curlers in, so yer hair widnae get a' stoury.

Ye hadnae a raincoat. If ye got wet ye got wet, jist got wet through. That wis it. That's how we've got sair backs the day. There wis no cover at a', no shelter or nothing. No, wee Bobby Hogg didnae provide any shelter. He wis mair concerned aboot the pit and the tatties, cover them a' up so they widnae get wet. And by that time we were soakin' wet. We used tae go intae the man's barn, strip—we took oor wet claes off, oh, ah mean, we had wir troosers and yer underneath bit—and we'd have a wee bit dance and everything. If ye were lucky and it wis fair, we used tae gaun ootside and start a' ower again.

Oh, the girls were rare company, the lassies were rare company. On wet days ah used tae take some o' the claes up and they wid dress up. Yin day ah wis dressed as a minister and ah wis sayin', 'All you that are heavy loadin' come unto me and ah will give you rest. Very, very I say unto you, you'll get peace one of those days, my children.' Ken, things like that. And of course the tears used tae trip doon their faces. Well, oo had a weddin' and ah dinnae ken if ah wis the priest or the bride or no', but we had auld tattie bags underneath us, with this white bit curtain. Ye were supposed tae be a white bride and ye're gaun tae the church and ye were expectin' another bairn or somethin'. And, oh, the laughs! That's the things we used tae dae.

And we used to go roond the ferms, maybe ye'd go ower tae the hen hoose and get some eggs and maybe take this treacle away. The folks used tae say, 'Oh, here's Hoggie's Angels comin'. Lock up!' We werenae bad. But they used to say, 'Lock up a' the hen hooses, lock the ferm up—here comes the Hoggie's Angels!'

Mind ye, we werenae actually stealin' anythin' but, well, except maybe, ye ken, if ye went back hame ye used tae say tae ma mother, 'Got a couple o' eggs for the breakfast for ma faither and you.' We thought this was a great thing. We thought we werenae daein' nae herm. But the fermers they wid think, 'God, Hoggie's Angels—here they come again!'

The lassies used tae climb—well, them that wis supple, ken, ah mean ah wis a wee bit stoot made, ah wisnae yin for climbin' dykes—but oo had twa or three lassies there who could climb ower a hedge and some o' them could get in through the wee holes intae the henhooses! And many's a slice o' breid oo've had wi' treacle on it! The treacle was supposed to be for the horses and the animals. But the Hoggie's Angels took it, aye, many's a piece oo've had wi' that. So we were gey tough! This is how they got the reputation.

Sometimes the farmer was a'right but again we wir

Hoggie's Angels, and that wis it, that wis it. Sometimes they used to say, 'Now you can come up tae the ferm but ye're no' comin' in here.' They wouldnae let us in the ferm buildins. Well, two lassies used to gin up and get the pitchers a' for oor teas, that wis a'. But whenever they kent ye were comin' up tae the ferm tae have a look roond that's when they used tae chase us. Didnae trust us a bit, not a bit! Well, ah couldnae blame the fermers, ah couldnae blame them!

Another thing ah can mind when oo was up tae D'Arcy oo had extra money and me and ma two cousins went intae Edinbury and of course it wis the Empire at that time.[16] Ah says tae ma cousin, 'Oh, I hope it's no' a picture ah've seen in Dalkeith.' She says, 'Dinnae be sae damned stupit,' she says, 'it's no' pictures, it's actin'.' So efter that we come oot and got a cup o' tea. We met two fellaes and they were tellin' us that they worked in D'Arcy up at the ferm. They said, 'And where div you work?' 'Oh, we work in Woolworth's in Edinbury.' We went roond aboot the gairdens[17] and walked forrit and of course at that time we were smokin' and every fag we got fae them we were nickin' it. 'Keep that, that'll dae for Monday,' and put them in oor pocket. So the next day oo was gaun tae a new field, never thinking. So oo come in and got a' oor baskets a' sorted, and got a' the bed o' dreels a' thingmied an' that, till whae's walkin' doon wi' their cairts but thae twa men—well, no' men, they were jist young laddies. Well, when they seen us—'Thought ye bloody well worked in Woolworths!' But oo telt them. Ah said, 'We didnae like tae tell ee we worked in the fields. We didnae want tae tell ee we're Hoggie's Angels because ye ken what like they are.' They never spoke tae us efter that, they jist—pochhh! And that wis us fair thocht we had got twa dates that mornin'. Spoiled our romance! But, och, oo didnae care a damn.

We used tae have a lot o' Irish fellaes workin' wi' us. And oo worked beside the German prisoners durin' the War. Aye, there were aboot, say, six tae about eight roughly. We got on fine wi' them. Ah mean, oo did them in tae because sometimes when we got maybe, say, two wee thruppenny bits, they used tae make a ring for ye. Or we used tae take maybe an extra piece oot and gie it tae them. Oh, they were hungry, aye. They worked the same as us, fae half-past seven till five at night. Ye got some guid workers among them and ye got some lazy workers. Efter the War one o' the girls married a German, Bel Charters. And it ended up that German wis oor gaffer, Vincent Bonk. And he was so well liked wi' wee Bobby Hogg that he got a room on top of the garage at the yaird. And it was that cold one day, ah wisnae feelin' well. And Vincent Bonk had a wee bottle o' whisky and he put some in ma tea for tae thingmy it up. Ah can mind when the summer tatties wis feenished and we'd gaun on tae the winter tatties there were a lot o' us gettin' peyed off and Vincent Bonk wis good tae me and ma sister. He says, 'Ah cannae keep the two o' yez on,' he says, 'it has to be one or the other.' Ah says, 'Well, ah would rather gaun on the broo.' And ma sister Jessie she worked and ah got paid off.

When Bel Charters got married tae that Vincent Bonk, the day o' that weddin'—and mind ye, a thing that never happened tae anybody—oo all got feenished oor work at twelve o'clock. Oo all went away hame and got baths and dressed. The wedding wis at three and ye'll never guess what he did, wee Bobby Hogg? Peyed us for the full day! And we a' enjoyed oorsels. And the next mornin' efter oo'd gone tae the weddin', the next mornin' he come oot and he says tae me, 'Did you enjoy yoursel, Betty?' 'Aye.' He says, 'You were the best dancer in the hall.' Ah says, 'Oh, what are you efter?' But that's what he done. That wis the only weddin' he went tae. He thought an awfy lot o' Vincent Bonk because he paid us for that half-day he got married. But onybody else getting married he wouldnae. He never gave a thing.

Ye ken, Bobby Hogg used tae come doon at the back o' us tae see if oo'd any tatties in oor pitchers or in oor wee brats or in oor pockets. We worked a' thae years and he wouldn't give you a tattie. Sometimes he wid come an' he wid say ye wid have tae open your bags oot, for a tattie. Never got a potatae off him, nothing. Ye never got any mair than what you were entitled to and that wis your bare wages. Never even got a tattie, no' even at Christmas time or any time, ye never got a tattie off o' Bobby Hogg. Bobby Hogg and his nephew Jimmy Hogg, yin wis as bad as the other, yin as bad as the other.

Jimmy wis tall compared tae his uncle, a fine lookin' man right enough. His wife was an awfy nice person. But Jimmy was jist as hard as his uncle. Eventually as years come on Jimmy had a son. And ah can mind o' him. He used tae wear short troosers and he come in tae the field wi' his faither and his uncle, and he used tae kick the tatties and he used tae say, 'Oh, da, they've left a tattie there an' we'll get them telt, get them telt!' And that wis before he left the schule. And then eventually he left the schule and he used tae drive the tractor and he hadnae a meenit. He used tae go up and doon and up and down, gettin' the work done.

It wisnae only tatties that Hogg dealt wi'. They used to sell, oh, ah think it wis onions and leeks. People comin' in fae Dalkeith used tae buy maybe a forpit o' tatties, a pund o' carrots, a pund o' ingins, and things like that. They selt a' that. He went roond a' the shops sellin' tatties. He used tae have a day tae go to the market and things like that.

The Angels worked at a lot o' ferms. We were at Peebles and D'Arcy, ower at Greenend, and Kelsae. That wis a favourite spot, Kelso. And ah can mind one time oo went away up past Kelsae and it wis a cauld, cauld mornin'. That's the time when they didnae shift the clocks and we didnae ken that. So we feenished at oor time. We thought it wis five tae twelve, it must ha' been a Saturday, and gettin' ready tae go on the lorry, when the auld fermer come doon: 'Ye're sharely early feenished the day?' he says tae Jimmy Clerk, oor gaffer. 'Ye ken, oo dinnae change oor clocks.' Oo'd tae get back off the lorry, open up the tattie pit and work for that hoor, because they never changed the clock when we changed oor clocks. And it wisnae canny what oo cried the auld fermer. It jist come oot like, 'God bliss ye.'

The Angels, well, ah can mind o' Jessie Miller—but she's away up in England now, Jessie Miller. An' her sister Bunty. Jessie Lawrie—she worked there and she used tae be like a man strippin' the pits doon. And Jenny Dougall, her wi' the lame leg. If ye see her ye widnae think it but Jenny, she'd strip the pits like a man tae. And there wis Auld Mary Ellen and Auld Minnie.

Auld Mary Ellen she worked on the tatties tae. But she didnae get awfy heavy work. She maybe gethered what ye cried the sma' tatties. And Auld Minnie used to get the sma' tatties. Auld Minnie and Mary Ellen, they were a' Dalkeith, a' came fae Dalkeith, yon auld buildins and that. Auld Minnie bid in The Wicket. But for Auld Mary Ellen—dinnae ken if it wis the Tollbar Close or where it wis, but it wis doon the fit o' the town. Auld Minnie was an auld Irishwummin. In fact, there used tae be an auld lodgin' hoose and Minnie said she used tae sit at her windae watchin' a' the Irishmen gaun tae their beds in the lodgin' hoose.

Auld Minnie she had an auld skirt, right roond, an auld long, long, long skirt. See, we used tae wear troosers, ye ken. But Auld Minnie, well, she could drink. And ah'm not meanin' tea. She used tae have her pint o' beer an' a' that. But she got her tatties hame, because she had a wee pitcher and she got three every night. That was her dinner. She used tae cook that. Auld Minnie smoked a clay pipe and she used tae spit like a man, used tae spit like a man.

But Bobby Hogg, he wis a wee man. And he used tae have a wee kind o'—was it herrin' bone suits ye cried them in thae days? And his wee bits. And this wee trench coat and this stick was always in his hand. And if he was speakin' tae ye or if, ken, he sees ye, he widnae say, 'Oh, so-and-so,' he wid get a haud o' the stick and maybe poke it intae ye.

I don't think Bobby Hogg was highly regarded wi' anybody in Dalkeith anywey. Maybe he could have been but ah cannae think that he wis. I don't think he was active in the church or political parties. And ah dinnae think he wis very sociable. Well, ah'm jist taking it how he treated us an' that. I dinnae think he wis anything like that.

Ah dinnae think the lassies ever played any tricks on him. Ah dinnae think the lassies wid dae that. The only thing wis when it wis April Fool's Day he used tae play a lot o' tricks on us. But ye could never get him, never get Bobby. He used tae come up and say, 'There's nae work the day, lassies.' We used tae say, 'How? What's wrong? It's a guid day.' He used tae say, 'Aw, it's Fool's Day.' Ken something like that. Or he wid say, 'I've left a parcel doon the street. Wull ye go doon and collect it?' Ye went doon the street lookin' for half an hoor and there were nae parcels there. And it dawned on ye it wis April Fool. He used tae like tae play Fool's Day on the lassies, oh, ah mind o' that. But tae me he wisnae a man ye could play a Fool on. Because if ee maybe really din that he wid say, 'Right, go in and collect your books.'

That's ma motto o' that man. As ah say, oo kent he was a' the bad o' the day but then again it wis always a job for us. And that's how we looked at it, always a job.

Bobby Hogg had a lovely hoose in Eskbank. Instead o' them employin' somebody else tae dae the cleanin' they jist got a worker fae the field. Normally it wis Jenny Dougall went up every Monday. One day Jenny Dougall didnae turn up, she wisnae very weel. And of course he says tae me, 'Ah want you tae go up tae the big hoose.' Ah says, 'Me?! The big hoose!' Ah didnae ken where he steyed but at eight o'clock in the mornin' he took me up in the car. Oh, it was a big house, it wis a big house, the auld-fashioned dressers and things on the wa's and everything. And it wis kept clean. And ah wis an awfy yin for bangles. Ah must have had aboot eight or nine bangles. So ah walked in. Ah took ma coat off and Hoggie's wife gave me an apron tae put on. 'Oh ye cannae work wi' bangles on.' So ah took the bangles off. Then she gets the washin' oot. It wisnae washin' machines at that time, it wis this biler. And as many dishes tae thingmy there. And polish, hoover and dust! By God, she got her money worked oot! They must ha' got twa days' work oot o' that one day's work. Normally it wis Jenny Dougall went up every Monday. I often said tae masel, 'I hope tae God she's never off again!'

Ah never went tae Hoggie's funeral. He wis such a rotten boss and gaffer tae us that we never bothered aboot that. Ah mind ah went tae some funerals in ma day but ah never bothered gaun tae hez funeral. Ah dinnae think, ah'm damn sure, there would be any Angels at that funeral. He wisnae very well liked wi' his workers, 'cause when he came up tae the fields oo used tae cry him for everything. A' thae big words, but ah'm no' expressin' it!

That's the only other thing. We used tae sit on top o' the big loads o' tatties an' a' the thingmies. Never bothered aboot yer work. We used tae sing a' thae songs aboot the War and everything. But, mind, there were some bad songs we used tae sing so ah'm no' tellin' ye much about them! But that's the kind o' Angels oo were—sing a' thae songs, *Come home again, Jimmy*, and a' thae songs. Oo could have fell off and got killed. But still Bobby Hogg wisnae carin' as long as we were up on the lorry and sittin' doon. Hadnae a cape or anythin' for ye tae come home if it wis rainin' or snowin'. He wisnae bothered as long as he got his tatties done and the workers on top o' the lorry. It wis tae hell wi' the workers, uh huh.

WILLIAMINA COOK

Oh, no, oh, no, ye never got paid if ye were sick, oh, no, never got paid. Never once got a penny from him like that. Well, ah got ma face burned at the fields and ah wis off and ah never got a thing fur it. Ah wis makin' the tea for the children that used tae work from the school. And one o' the wee boys put the cork on the flask and it came up on ma face—burnt. And ah had tae walk fae Dalhousie Castle tae Dalkeith like that—three miles: ma face burned. Ah never got a lift home. And ah got no wages, no, not a thing, naw, not a penny. Nurse come in and dressed ma face for aboot three weeks. Ah never got a thing.

Ah stopped workin' for him when ah burnt ma face and ah went tae the Ever Ready and worked efter that at Eskbank. Hoggie wis terrible, he wis a terrible man tae work with. He wisnae good tae his workers, hard tae his workers. Jimmy Hogg, he wisnae sae bad. He wis quite decent. But the wee yin—och! He wis terrible.

That was ma first job. I was born and brocht up in Dalkeith. Ah left the school when ah was 14 so that was about 1936. Well, oo had a friend Jimmy Clark that wis gaffer and he got us the job. Jimmy Clark wis an Irishman. He wis a very nice man tae work with. Ma sisters and thame a' worked there.

I was working for five or six years with Hoggie. Well, ah got married oot o' it in 1942. Ah never went back after that. I was glad to get rid of it.

Oh, it wisnae any light job, ah'll tell ye! In the mornin' we had tae carry tons o' potatoes up on wir back off the lorries,

63

up a stair and intae a shed before oo went out to the fields at all. An' then we had tae go the fields and start again, and carry tables—heavy tables—and stuff across the fields. Oh, the tables were terrible. We'd jist tae carry them fae about—oh, it wis more than a hunder yards.

Well, we used tae dress seed, bag potatoes—shovel tons o' potatoes into the scoop and bag them and sew them and put them on the lorry. We used tae have tae lift them, tons o' potatoes, a hunderweight o' potatoes a time. Ah wis jist a young lassie then.

Hogg's business wis just the turnips and potatoes, that's what it wis. Ah used to shaw the turnips. I wisnae very good at it either. Ah didnae like it at all. It wis freezin' on the hands.

Hoggie never worked in the fields. Never did any manual work, not him. Never lifted tatties—left that to the girls! He jist come up tae see us, what we were gettin' on.

Well, the wages was two shillins a day. That's what ah got when ah was fourteen, two shillins—ten pence—a day. That wis oor wages, two shillins a day fae Monday tae Saturday. Then we got 2/4d. a day or 2/6d. a day—that wis the increase. That wis after ah had been there a few years. Ah jist can't remember what we got before ah left but ah know ah got tenpence a day when ah started! Ye didnae come out wi' much on a Saturday! Miserable, the wages were miserable.

I got up at half-past five in the mornin'. Ah lived at Shadepark Gardens. It wis quite a wee bit walk tae Hoggie's yard. We started work at half-past six in the mornin' till five o'clock at night.

In the mornin' Hoggie used tae shout tae us. He used tae stand in the street in the mornin' and push us up the road. Aye, he used tae push us up the road. He used tae say, 'Ye're goin' tae the army. Ah'm gaun down tae the Labour Exchange tae get yez put away tae the army,' if we wir a minute late.

Never got any holidays. Oh, we'd likely get New Year's

Day, but ah can't really mind, tell ee the truth. But no summer holidays, no, no summer holidays.

In the fields we had just a piece, bread, sandwiches, and a cup o' tea. We didnae have a thermos, it wis what we ca'ed a pitcher we carried. We used tae get tea made from the big house.

We jist wore ordinary clothes: a coat and headscarf, boots—Wellintons. Sometimes we had no Wellintons to put on! We were too poor, it's true!

We used tae sit in the barn when it was rainin'. But we didnae always get cover. We'd tae sit wi' paper over wir head—newspaper, tae keep oursels dry. Then we got sent home for the rain. We didnae get paid, no, we didnae get paid for it at all.

Ma sisters and thame a' worked there. There were five of us sisters altogether. It wis a family job workin' for Hoggie! Mary Sutton and Betty Foran an' Jenny Dougall and Mrs McStavage and Mrs Pretchell, they a' worked there tae. They're mostly a' dead the rest o' them.

The Angels were a' different ages. Old Minnie, oh, she wis an awfy woman, old Minnie. She kep' us goin'. Nice old woman, though, ye know. She wis Irish. But ah don't think she had any family. She wis a widow. Oh, she was an old, old woman when she was at the potatoes. She did the same work as oursels but no' when she got older she didnae. They widnae let her.

The men that worked for Hoggie were nearly all Irishmen, come across from Ireland and worked for him, about five or six o' them. They were very nice with us. They didnae tease us, no, we jist used tae work—ye never got time tae tease!

People yaised tae roar 'Hoggie's Angels!' tae us in the street, aye, 'Hoggie's Angels!' on the lorry. Ah thought people definitely looked down on us because we were field workers.

I still meet people who say, 'Oh, you were a Hoggie's Angel.' Ma sons used tae get thingmied in the pit, their legs pulled, aboot it: 'Yer mother wis a Hoggie's Angel!'

ISABELLA BONK

Some people didnae like Bobby Hogg but ah thought he wis a nice boss. Well, he never had much tae say tae anybody. Tae me he wis quite cheerful, ah mean, he wis quite cheerful tae the women that wis goin' roond aboot, ken. But how they got that sayin' that they were a' feared for Bobby, ah don't know. Because, ah mean, ah got quite decent jobs and everythin' fae him when ah worked there.

When ah really first left the school—ah went tae the Burgh School first and then after passin' ma qualifications ah went tae Dalkeith High School for about two to three years—ah had tae travel for nine shillins a week intae Edinburgh on a bike. Ah worked at the Rubber Mills at Fountainbridge. Ah yist tae leave Dalkeith at five o'clock in the mornin' on a bike—an' ah can aye mind the price the bike wis: £5 a' bar a penny! Ah didnae last long at that—about three month. After that ah went into a chip shop at night for over a year. Ah found ma health wasn't right workin' in a chip shop at night and ah took sort o' ill. Ah decided that ah had to get outside and work.

Ma mother decided that, well, as she had a coal business herself she didnae need a right income every week. So she decided to ask Mr Hogg as she knew James Hogg, his nephew, and his wife. And he says, 'Certainly, send her out.' So ah went out on the Monday mornin' and started work at seven o'clock.

Well, that would be 1940. I was fifteen then. Ah worked

there for, oh, maybe nearly two years.

Up in the mornin'? Oh, ma mother used tae shout maybe ha' past six in the mornin'. An' ah've seen us maybe takin' that wee bit longer lie, jist jumpin' over the bed, get your clothes on ready for your work, lift your pieces and take a drink o' tea—jist a drink o' tea—and away up to oor work.

Well, we started at seven and we were usually back in Dalkeith the back o' five, because sometimes we went to far outlying places to work, such as Peaston, which is away down the coast, Peebles. We've even went to Linlithgow, Walkerburn, all over the area o' the Lothians and the Borders, too. We used tae stop at five in the fields. If ye were further away ye used tae get stopped maybe quarter o' an hour quicker, so as you were nearly always in Dalkeith just after five o'clock, half past five nearly. But never any later, unless ye were caught up in a mist and ye had practically to crawl home. That wis Monday to Saturday morning to twelve o'clock.

Ye went tae different farms, liftin' tatties for them. Ah mean, Mr Hogg would maybe buy the field or buy the potatoes from them. And then after ye had the early and the second early potatoes ye went back on tae the late potatoes, an' they were put into pits. An' in the winter months that's where we worked. We went back and dressed them, as we called it, on the tables and puttin' them into the scoop and weighin' them oot. An' the lorries used tae come tae the field and collect maybe six or seven tons. An' we had tae lift on, because then we never really had men in the winter. If ye were a good worker, ye were kept on for the winter. Ye had tae wait and see, when the potato liftin' was finished, if ye were gettin' brought back in the winter. An' then if it wis we had no potatoes, we were sent shawin' turnips on the wet mornins. An' ah've seen us singlin' turnips, too. But mainly it wis potatoes.

Ah think ah had jist over about £1 a week then, because ah

worked for a pound a week in the chip shop. It wis very, very small money when ah first started. It wid practically be thirty shillins—that's if you were actually doin' a good job. If you were maybe gatherin' small potatoes you were even gettin' maybe sixpence a day less.

When ah first started in 1940, gettin' the potatoes out wis nearly always done with graips. Ye had tae make roads and everythin' with the graip. But then if it wis early potatoes, ah think it wis more or less so as they werenae gettin' marked or that, it wis always done wi' the graips. And then they put the machines on jist no' long after ah started.

Ah remember ma sister, she had started, and ye got a shillin' a day more for diggin'. If ye didn't dig wi' the graips ye didn't get that shillin'. But there wis Mick Sweeney, an Irishman, and ah think it wis his nephew, he came an' worked there. And there wis maybe six or seven women that did the actual diggin'. Then there were somebody that held the shaws and shook the shaws and shook the potatoes off the shaws, which ah did wi' Mick Sweeney. And then another lady came up wi' her brat and her back bent and she was gatherin' the potatoes intae her brat. And somebody else stood maybe half a yard or so at the back o' her and she was jist gatherin' the small. An' ye had tae go and put them in barrels. An' there were women standin' there and they were emptyin' the barrels intae the bag. But that went on for a long time after the War, puttin' them actually in barrels, an' wi' the early diggers. It wis a' barrelled and left, an' then ye moved over a bit as the digger went round and done more dreels.

Ah worked there for, oh, maybe, nearly two years. Ah went away to the army after that, and ma mother wrote and told me that ma two other sisters had went to work there. So it wis jist like keepin' it in the family. They were younger sisters than what I wis like.

Isabella Bonk

I was about three-and-a-half years in the army when ah came back. And ma sisters were still working there. In fact, there wis three o' them there then. And they were workin' outside and then had a part-time job at night too. Ah went intae the chip shop for maybe three to six months. Ah decided money-wise that they were makin' more at the potato liftin'. So ah decided to go back to Hogg's. And ah had no bother gettin' a job back again. He took me back. When ah went back there ma sister wis actually sewin' the bags, the hundredweights o' potatoes, liftin' them over and keepin' them in tons and sewin' the bags. Ah din the manual labour. Then it wis puttin' potatoes through the machines and baggin' them. Well, you had tae shovel them on to these two tables like, which they ran down and they went intae the bags at the back. An' ye had tae sort o' draw them intae the bags, too. An' then ye lifted the big baskets o' potatoes. Before we had the bags brought in ye had tae empty them intae a big scoop, which weighed a hundredweight, and ye had tae weigh it and let them go intae the bag. An' there was a lady standin' catchin' the hundredweight o' potatoes comin' through from the scoop. Then ye turned round and ma sister took them from us an' she carried it over and kept them in lines and sewed the bags. Then eventually she got married an' she left. So ah got the job o' sewin' the bags and durin' that time ma husband, he came as a prisoner-o'-war there to work.

He was a German prisoner-o'-war. There were quite a lot. Well, they used tae come every day from Mortonhall. Before that we had Germans from Penicuik, jist two or three that worked alongside the women, gatherin' potatoes when the early potatoes was on an' that. But then they had stopped the graips, it wis done wi' a machine. Ye only made roads for the digger to go round, wi' the graips.

At the beginnin' of the War there were quite a lot o' girls

and women worked wi' Hogg. It could ha' been more than twenty. It did vary. In the winter you were less, because he wis supposed tae keep the good workers on, them that attended their work regular, the good workers. Well, you wid need maybe about eight he would be keepin' on for the latter end dressin'. But when ah came back after the War ah wis surprised, 'cause there werenae as many. There were a lot o' prisoners had started tae come workin' for him too. But there werenae many girls when ah came back. In fact, when ah came back they were workin' at Langside and ah think there wis only about six or seven women on the machines, the tables an' that.

Some o' the girls were married. There were some single girls. When ah first worked wi' Mr Hogg a few o' the girls wis quite a lot older than me. Some o' them were, when ah wis fifteen, they would be maybe eighteen, nineteen, twenty an' on. There werenae many young girls, fourteen or fifteen. Ah wis one o' the younger ones. The rest was sort o' older ones that had been maybe workin' there for a good two or three years, maybe jist in their twinties, no' as old as thirty or forty.

One that always got a job back from Bobby Hogg when the potatoes was on was Old Minnie. An' no matter when she came she always got a job. She used to go about smokin' a clay pipe. She didnae work very hard like, but she always seemed tae get a job back. She was always good for a laugh an' keep the girls goin' a' the time that the girls were there. She wis never kept on in the winter, it wis only the summer time that she came back. That's after the War she came back oot. Ah cannae remember her when ah wis fifteen year old. But she must have been in there durin' the War an' got the job. She would be in her sivinties, Minnie, bound to be. She wis only about two or three years there came regular back oot. An' then she must have sensed that she wis gettin' older and didnae bother comin' back. Was she Irish? Well, that we still dinnae ken yet because she hadnae much teeth and ye couldnae make oot some o' the words that she wis sayin'. I wasn't sure if she was Irish or Scottish or what she wis. She was definitely no' English anyway. She lived hersel' as far as ah knew. I had been once up at her stairheid. But that wis only for tae git her tae come out one day that the rain had cleared and the sun came oot and we were goin' tae work.

In the office, well, when ah first went there there wis only Annie May Thorburn, years ago. An' then after that Jimmy Hogg's daughter came intae the office an' ah think Jean Lean came after that. Ah think that wis three o' them wis in it after that. There wis always Annie May. Annie May worked there fae ah wis there right till long after it, well, after it stopped. She did a' the books and a' the work for Mr Hogg like that.

Then there wis three drivers. One died—that wis Willie Bertram. And there wis George Hynd and Jimmy King. These were the two main ones, George Hynd and William Bertram.

At the tattie liftin' there wis always plenty folk wanted a job. Ye had them comin' frae Mayfield and everywhere. And schoolbairns tae. Well, we had schoolbairns after the War, well, ah can only tell ye fae the end o' 1945, when ah went back tae Hogg's. There werenae children the first year but ah think the schools started lettin' them go for two or three weeks at the latter end o' the potato liftin'. And that wis really when they had the holidays, they could go then. But they always got their meals an' that sent oot to them fae the schools. They got a main meal and they got a puddin' after it, because ah wis the one that had tae dish it oot for them when they came to the field. But the children always every one got their dinner. Oh, sometimes you had forty-odds on your book. And ye had tae keep the names o' them and that they were there every day, too. That wis secondary schoolbairns. There werenae any primary. They had tae be a certain age tae get—aboot twelve, ah think. Ah think it was about a shillin' a day at first they got paid. They didnae get very much money because, as ah say, we didnae get very much money.

The yard was at the top end o' Buccleuch Street. Oh, it wis a nice yard, clean-kept yard. They've knocked it all down now. Well, you would go in the main gate and towards the right was the office and Mr Hogg's office, too. There were two offices in there. And straight on you would come to where a' the lorries were put in at night. Well, we had ah think four lorries, three or four lorries, an' they were a' in there. Towards yer left wis the back openin' tae the Buck's Head, for the barrels o' beer tae get through. An' beside that there wis a shed, where all the empty bags were put. An' the next place was fur odds and ends—riddles and everythin'. An' then ye had tae go right through, straight through, and ye came to another buildin' an' a' yer carrots and onions an' things wis kept through there in bags. We worked wi' a' the potatoes and everything but he yist tae get carrots an' onions an' that in from the market. He used tae go tae the market hisself for it. Every Wednesday mornin' was his market day.

The lorries would go roond a' the shops sellin' the vegetables. Well, ah masel' wis taken off the fields and went on the lorries wi' one o' the men. And we did the Peebles round. An' ye'd tae go tae the chip shops deliverin' there and any o' the shops and deliver bags o' potatoes, carrots and turnip and onions. Ah don't think ah ever went wi' them tae any hotels. It wis mostly the shops and chip shops that ah went tae.

Seed potatoes, we dressed that oorsel' at the pits jist before the spring started, before plantin' time, which was usually round about March. An' the girls an' that planted a' the potatoes. We had wir machines, which were gettin' modernised a' the time. By the end o' 1947 or that we had a proper machine that actually went—ye jist pulled it. It wis an engine an' ye jist shovelled the potatoes in it. The potatoes, onything, went up and down an elevator and filled in the bags. Well, there wis somebody standin'. You put a certain riddle on for small potatoes. But if ye were wantin' seed it wis a bigger one. And the seed dropped doon lower down and the ware came on the top riddle. Ware wis the large potatoes, the everyday potato that people buy for cookin'.

There wir no holidays. Ah think we really got Christmas when ma husband became an actual worker wi' Hoggie long after the War. An' then eventually through time they started givin' ye the holidays at Trades Fortnight. Ah don't think we got New Year's Day. Naw, naw, ye didnae really get holidays, unless it wis rainin' an' ye were sent home. An' ye didn't get paid for it. The minute you stopped workin' that wis your wages stopped. Oh, some days, some weeks ye hardly had anythin'. As ah say, well, it wis a good job ma mother had a coal business or oo wid ha' been starvin', ah suppose.

An' ye were kept hinging about in the fields until a lorry was ready for tae come for ye and take ye back. Ye were hanging about in the fields because sometimes ye werenae near the farms. Ye were quite a bit away from the farm. Ye sat wi' bags over your head in the field. Then, latterly, after we got the prisoners-o'-war we got a sort o' hood for tae cover the men. Well, the women got that too, ye see. It wis a tarpaulin, like a wee hut thing, an' it wis put on and off the lorry every day. An' we had tae lift it on an' lift it off again and put it down. So if there were room for us all in there we could get in there.

If ye got rain ye got rain two or three days sometimes. An' snow—sometimes ah've seen us having tae shovel the snow to get actually in tae a pit in the winter. We came up by Cowden there one mornin', that wis February. An' we had tae get oot and practically make a road for the motor tae get up past where the factories are now. We did have the prisoners then in the latter years. An' there wis always two or three prisoners kept on workin' in the winter. But the girls used tae have tae shovel the snow for tae get into the fields, tae actually take yer tables in tae start workin'.

Ah wis never really sick all the time that ah worked ootside, except for that anaemic that ah had. But even ma sisters an' that, an' a' the other people that worked outside, there were never anybody ill, never really ill. Oh, ye werenae paid sick pay, no, no. And there were nae broo money. Ye had tae lie three days on it an' then you got broo money. But ye still had tae lie three days for that one day, so that it wisnae worth it. As ah say, it wis an outside job. An' then there werenae very much in Dalkeith then. There were practically nothin' in Dalkeith tae work at.

Ye were sort o' looked doon at if ye were a Hoggie's Angel, ye were sort o' looked doon at. But ah could haud ma heid up wi' anybody, ah mean, ah wis well brought at the school, ah had a good education an' that but ah jist went there. Ah think ye were looked doon on because ye were a farm worker and ye worked ootside on the farm. Ye were a'right if ye worked in a shop or an office.

There never was a union, never was a union in Hogg's. Ah think more or less it wis because it wisnae classed as a full-time job. You were there, if you wanted to work, you came out that day. If you didnae want tae work you didnae go oot. Oh, no, he never said ye'd get your books or anything like that, never. Because sometimes ah used tae take an extra day, no' go out on the Monday an' nothin' was ever said.

Accordin' tae ma mother, Bobby Hogg had took up that business years ago in Dalkeith. It wis his business, it was really his business. Well, Bobby lived up Eskbank right enough an' ah think he wis Dalkeith. 'Cause Jimmy, his nephew, belonged to Dalkeith. He wis off o' jist ordinary folk, Jimmy.

Well, Bobby was a'right tae me. He knew ma folk and ma

folk kent him an' that thingmied him. But he was quite decent tae me. Then he yist tae come intae the field, the only thing wis everybody used tae be terrified o' Mr Hogg. I don't know why. In these days ah think it was more a master an' maid, you know. He wis the boss and he yist tae come in wi' his walkin' stick and shove up the potatoes wi' his stick, if ye had passed a potato that wis half under the grund or that.

He wis small, grey-haired, very slim he was. He had glasses, jist ordinary silver-rimmed. He wis immaculate, oh, he wis, well dressed. Always had a camel-coloured raincoat on, a heavy-made raincoat, and his heid was always covered, a softish hat, it wisnae a right hard hat, it wis jist an ordinary workin' hat. But he always had his suit on and he always had his raincoat. He never seemed tae change. Ah couldnae understand anybody sayin', 'Oh, ah widnae work for Bobby Hogg.'

Ah ken he went tae church but ah cannae mind now which church he used tae go tae.[18] Ah never delved intae anythin' like that aboot him. He used tae go up tae Shetland Islands on his holiday. That's where he went fishin'. He liked fishin'. He once took ma husband wi' him up there to fish an' young Jimmy Hogg went too. Ah never knew that he went anywhere else bar that. Ah never heard o' him goin' away a holiday.

After the War we saw more the nephew than what we did old Mr Hogg. Ah think he had sort o' gave more power to his nephew. Jimmy had a lot more to do, 'cause ah noticed the difference when ah came back after the three-and-a-half years ah had been in the army. Mr Hogg was sort o' semi-retired, ah think by then. When ah came back fae the army ah wis twenty-one and ah think ah wis about thirty-one when ah left Hogg's. So ah worked another ten or eleven years there. Ah worked a year and six months after ah got married. Ah had tae stop workin' then 'cause ah wis pregnant. Well, when ah left there werenae any Dalkeith people there at a'. It wis a'

Bonnyrigg women that wis a' that wis there. Well, ah left in 1957 and ma husband left the next year and he went tae the pits. An' ah think it wis only two or three years after that that we heard Hogg's had stopped. Ah think that the business jist came to an end then. Ah think folk wisnae giein' fields or that.

Oh, ah liked ma life in the army but ah liked ma life at Hogg's too. Ah really enjoyed it. It wis gettin' better an' better wi' Mr Hogg, more money and everythin'. Ma wages had jist went up aboot 1952. 1952 wis the year that ah got £2.10.0d., £2.50. Ah had no regrets going to Hoggie's, ah would do the same again, go oot there and work. 'Cause ah have worked in a canteen in a factory an' ah've been seven or eight years as a cashier. But ah preferred outside workin', ah really did. It wis a healthy life. If it wis a nice day or that, some young yin would start singin'. You always got that singin' wi' them—*A long way to Tipperaray*, anything then. There were nae top o' the pops or anything sung then. It wis a' jist the songs that we knew. But it wis really good. Ah liked tae sing. Oh, I enjoyed the company, especially I enjoyed the company wi' the children when the children came oot, 'cause we always used tae get a good laugh wi' them, ye know. Ye were always seein' them and sittin' aboot wi' them.

MARY SUTTON

I enjoyed every minute o' bein' a Hoggie's Angel, fae ah started tae ah finished. I loved gaun oot tae the tatties. An' if ah was able now I'd still go oot.

What it was about the job, it was the company. Ye had good company. Every one o' them was good company. And, ah don't know, it's a funny sort o' feelin' to be free ootside. Ah hate bein' locked up, ken.

I was born in Donaldson's Close at the bottom o' Dalkeith in 1922 and ah lived there wi' ma mother, father and the other six o' the family. Ma faither had a fish cairt in Dalkeith. He hadnae got any limbs—he had his leg off and half his other foot. It was an accident in Smeaton pit, when ma mother was expectin' me in 1922. He got £550 for gettin' his leg off. Ma mother bocht a horse and cairt wi' the money and she started a fish business. Ma mother used tae gaun away intae Granton in the mornin' at fower o'clock fur tae buy the fish and ma faither used tae gaun roond a' the place hawkin' the fish a' day. And when oo yaised tae come hame we used tae help ma mother tidy up and things like that, ye ken. But oo were yin o' the best off faimlies in Dalkeith 'cause oo aye had a kipper that oo could get for oor tea.

Well, ma mother had seven in a room and kitchen. There were beds a' ower the place. Ah had four brothers an' two sisters. Ma mother had a bed ower in this corner in the kitchen fur hur and ma faither, and ma sisters and me slept ower in the other corner. An' ben in the big room there were

77

two beds for ma brothers. And ye couldnae sleep at night for the bugs and the clockers gin up the wa'.

And the sink was up in the corner o' the kitchen, an' that's where ye did yer wash—the sink and the cooker, an auld gas cooker. Ma mother used tae have a zink bath in front o' the fire. But then again when ye had the zinc bath in front o' the fire the laddies a' had tae clear oot ben the room. And ye had tae bile the water on top o' the auld fireplace. Ye had a bath yince a week in the big tub. Ma mother yist tae dae the washin' in it an' a'. An' when ye looked oot the windae ye looked across the Close tae the toilets—outside toilets. Ye had tae go doon the stairs and across the Close and there were, ah think, two toilets for aboot sixteen faimlies then. Oor hoose was off the top o' the landin' an' Jessie Landells lived doon the stair fae us.

Ma mother had lived in The Wicket. As a maitter o' fact ma sister wis born in The Wicket. The streets there and the hooses were a' tumbled doon. Moffat's Close, where the Stoddarts lived, an' Candlewick Close where ma grandfaither lived—a' thae auld closes, the hooses were a' wicked: nae hot water, jist cauld runnin' water in the kitchen where ye were sleepin' an' a'thing, toilets away doon the stairs.

And that's when the Labour Pairty came in and started buildin' hooses in Widburn and Shadepark. Shadepark and Gibraltar was first and then they started Woodburn. And that's how we came up here tae these hooses at Woodburn.[19]

Ah went to the Burgh School in Dalkeith. And when ah left school at fourteen ah wis put right oot tae the tattie fields wi' Hoggie's. That would be 1936–1937. Well, ma sisters worked there before me. They're aulder than me, and they were workin' there. And that's how ah fell in for the job. Ah didnae want to work anywhere else. At nights ah used to work in the chip shop, when ah came back fae the fields, for tae earn extra money for ma mother. But ah liked the tatties. We had a good laugh.

Well, we had to get up about half past five, start work at half past six for tae load the lorries down in the yard. And after you finished loadin' the lorries they used tae take ye away tae the fields. That's when you started your day's work pickin' spuds. Sometimes it wis the digger, other days it wis the graips. And at fourteen ah wis put in tae gather the small. Somebody else wis gatherin' the big tatties and the small ones was left for the younger ones comin' and pickin' them—for ninepence a day. That was the wage. And as ye got a bit older and ye were able tae lift the big tatties and howk wi' a graip ye got a wee bit extra. We got 1/6d. a day. Ah got that when ah wis fourteen, fifteen.

The Irishmen, they were on the graips and then they were employed again fur on the tattie pits. The tattie pits, it wis shovellin' the tatties oot the pits. They were right along the side o' the field an' they were happed up wi' straw an' soil an' everything. And ye had tae pick the soil off wi' a pick in the winter when it wis brick hard. And they used tae come off like big tombstones. And then ye got in wi' the shovel and shovelled the tatties on tae the riddle. And there were somebody on the riddling them. The wee yins used tae fa' doon tae the brock hole. An' ye flung the big yins on tae the table. And then somebody used tae put the baskets and put them intae the weights. And as ye weighed them off there were somebody standin' wi' a bag emptyin' it intae the bag and then sewin' them up. It wis a gey cauld job on the feet an' that, ye ken. When ye were on the shovel ye were a'right. Sometimes the Irishmen wis there shovellin', other times they were takin' the cley off the pits. But it was practically a' left tae the lassies.

The tatties were planted aboot May and they were the early tatties that ee went oot tae durin' the holidays. The Hoggie's Angels planted them oot the brats. It wisnae difficult but it wisnae easy. But ye didnae have tae bend yer back an awfy lot, ye ken. It wis easier than liftin' the tatties—ah took it tae be that it wis easier anywey. And then efter that they went on to the late tatties. And the late tatties were put in the pits fur the winter. Then efter the tatties were a' lifted it wis time for gaun intae the pits for tae take them back oot for tae sell them tae the shops for the winter hervest. An' we yist tae riddle them for tae keep the seed back for the followin' May tae plant them again.

We singled the turnips an' a'. Ah used tae like singlin'. Ah used tae like the shawin' tae. It wisnae an awfy cold job, ye got yaised wi' it. Ye yist tae get wet right enough, but yince ye got started ye were a'right.

When it rained or snawed we were still there workin'. There were never nae time fur tae lie back when the rain came on. It wis nae hardship then. We were young and able. But that's how we're a' crippled wi' arthritis now wi' this hard workin' oot in the wet. Ye jist had tae keep the claes on till they dried on ye, that's a'.

Well, what ah wore tae the fields wis a pair o' ridin' breeches an' a pair o' heavy men's soacks an' shoes and if ma mother could afford a pair o' Wellington bits ah used tae wear the Wellinton bits. There were two o' us wore the ridin' breeches, there was me and a lassie cried Lizzie Rodgers. Ah think she's away in America somewhere now. But a lot o' the lassies used tae wear the dongarees, ken, wi' the base and bib. Some o' the Angels wore the uglies, tae keep the sun off their face. An ugly was a hat on their heid and it folded forward, like there were canes through it and ye used tae fold them back if the sun wisnae shinin' and ye could bring them forward if the sun wis shinin' in yer face. That wis whit they cried an ugly.

Ah remember yince oo hadnae got any shoes or anything and Betty Foran was bare-fitted—that wis Betty Cordery was her ain name. And ah seen twae Wellintons lyin' but they were twae odd yins. And ah says, 'Never mind, Betty, ah'll get ye thir Wellintons!' And ah went and ta'en the Wellintons an' she put them on. And of course they were makin' a fool o' the wey she was walkin'. She wis off her work for six weeks wi' a bealin heel!

Occasional days ah wis off the fields and they used tae put me on the lorries. And ah used tae go to Peebles, tae Peebles Hydro, deliverin' big bags o' tatties there. And ah used tae have tae carry these bags o' tatties on ma back. I was fifteen at the time. Each bag contained a hundredweight o' potatoes. Ah wis big, strong! And then of course we had the turnips, different things, carrots. These were a' goin' in tae the Hydro at Peebles. That was the usual place ah used to go.

Maybe once or twice a week ah wis wi' the lorry. I didn't like it at all. I preferred to be in the fields. Well, it wis Jimmy Hogg that wis drivin' the lorry. And you used tae sit in the lorry, go into Peebles and he never spoke, and he never spoke all day. Ah mean, we werenae rich enough tae have a Thermos flask, 'cause we used tae carry pitchers. But he had a flask and he would sooner tim the tea outside as was left as gie you a drink o' it.

Bobby Hogg used to come into the fields, him and Jimmy. The two o' them used to walk up like wee Hitlers. Bobby was about the size of a bantam. An' he had a walkin' stick, and if he came into the field and there were a tattie' lyin', he used tae poke the tattie and then poke you wi' the stick and make you lift it. He wisnae a very nice man! He arrived in the field every day and, oh, ye had tae get your nose tae the grund. The digger used tae go roond like hell when he wis there. And then the harries used tae come up the back o' him. Ye didnae get much time for relaxin' there. Yin o' the farm workers drove the digger and the girls worked at the back o' it.

Oo couldnae get a bilin' o' tatties nor nothin' fae Bobby Hogg, nup, not a bilin' o' tatties did oo get. If oo got a chance tae take a turnip oo wid take it. But wi' Hoggie ye never got a chance. Tight! He was that tight that he put a' his money away in America. And then when the War started he wis fined a lot o' money for puttin' his money ower there.

It sticks in ma mind that he wis an elder in the church, in St John's, ah think it wis. But ah never seen him very much in Dalkeith, no, jist seen him at work, 'cause ah never went tae the church.

How the girls came to be ca'ed Hoggie's Angels, well, whenever we went tae a ferm and the word got roond that the tattie howkers were comin' in fae Dalkeith the fermers used tae run and lock a' the doors o' the place. An' they used tae say, 'Here's the Angels comin'! There are nae Angels among them!' 'Cause we used tae pinch the eggs. Well, that wis aboot the worst but ye had tae steal an egg or ee didnae feed. Oo never touched their hens. No, ah never anyway. Ah dinnae ken aboot anybody else!

Ah remember yin day we had oor pitchers a' full up wi' eggs. We were workin' up at Longfaugh—that's away up the Pethheid road. And the fermer must have got word doon tae Bobby Hogg that oo had pinched a' the eggs. And he made us leave oor pitchers along the wa' in the yaird. An' he went along wi' hi stick and he hut every pitcher and broke every egg. That wis Bobby Hogg, aye, afore he would gie us them. Course we had nae right tae steal them for a start-off!'

When ah first started wi' Hoggie there would be twenty o' us a' there. It was a permanent job wi' him, ye got the full year roond. There were always somethin' fur tae dae. The Angels a' came fae roond Dalkeith. Some o' the Angels were there a' their days and some o' them were lucky enough to get married an' git oot! Jenny Dougall never got married and Ruby Boyd never got married. That's the only twae that ah can think o'.

Auld Minnie McGleglan worked in the fields wi' us. She was tall and slim built. She wis Irish spoke, oh, wi' a name

1. Hoggie's Angels at Pringle's Farm, Poltonhall, Midlothian, 1920s. Back row, left to right: Mary Pretchell, William Pringle (the farmer's son), Rena Finnon, Katie Finlay, and Peggy Burke. Front row, centre: Chrissie Stoddart.

2. A group of Hoggie's Angels at Langside Farm, near Dalkeith, in 1940. Front row, extreme right: Jessie Lawrie; in centre, woman wearing hat is Old Minnie. Back row: extreme right, Betty Foran; third from right, Jimmy Clark, foreman; to left of him (right to left), Ruby Boyd, Sarah Lawrie, Rena Finnon, Chrissie Morgan and Nellie Boyd. Mary Stoddart is seated second from left at back, behind Chrissie Morgan and Rena Finnon.

3. Youngsters living in Moffat's Close, Dalkeith, c. 1920. Rena Stoddart (Mrs Finnon) is in back row, extreme left, with hat in hand.

4. Schoolchildren and women planting potatoes in Midlothian, 1940s. Courtesy Mrs Helen Muirhead, 37 Rosebery Crescent, Birkenside, Midlothian.

5. Singling turnips, somewhere in Midlothian, 1930s. The woman second from the left is wearing a bondager's hat to protect her face from the weather. Courtesy of Mr James Stewart, 4 Park Avenue, Bilston, Midlothian.

6. A squad of Midlothian women tattie workers take a break, 1950s. Jessie Landells is third from left, front row. Courtesy the late Mrs Jessie Landells.

7. Two Hoggie's Angels: left, Rena Stoddart (Mrs Finnon); right, Mary Wilson (Mrs Pretchell), late 1920s, at Wester Cowden, near Smeaton pit.

like that she must ha' been Irish! She was friendly enough. Auld Minnie used tae take yer pawn parcels if ye were too young for tae gaun in, ye ken. The pawnshop was up The Wynd and the lodging hooses was right next tae it. There were Reynolds', and then roond the corner there were Black's, and the other yin. A' the Irishmen lived in these lodging hooses.

There werenae any other jobs for us tae gaun tae. Ye couldnae get another job. The carpet factory at Eskbank yist tae be open for them but ah dinnae think very many o' them liked it there. We liked oot in the fresh air. It wis a healthy life wi' Hoggie's Angels, oh, aye, as free as the burds.

Ah wis never ill, no, never ill. Ah did go through the digger one day, right enough up at Simpson's ferm up at Rosewell, and they had tae bring me hame. We yist tae wear what we cried a brat. It wis a bag ripped up the middle, like an apron. An' ye gathered yer tatties in that. An' ah wis standin' ower near when the digger came past and the hooks o' the digger caught ma brat and ah wis drawn in through the spokes. Ah wis bruised right doon the side but two days in bed an ah wis back oot in the fields. Ah couldnae afford bein' off—ma mother kicked iz oot. Ah never heard o' any o' the rest o' them bein' hurt. Occasionally ye wid get a graip through yer tae but ye jist had tae gie it a shake and walk on! Ye didnae get peyed a ha'penny when ye were off, nae compensation nor nothin'.

There wis never a union, never heard o' a union. Ah don't think anybody had the brains then fur tae join! We were never asked by a union. And there wis never a strike. They had the hems on us. We were feared!

If it wis the howin' o' the tatties or the shawin' o' the neeps we yist tae work a wee bit overtime at night. An' ee got peyed for that. Jist flet rate: nae overtime money, nae double time or anythin' else, nothin'.

Oo started in the mornin' at half past six, hame at five,

intae the yaird. And then sometimes oo had tae unload the lorries afore oo got hame. Oh, sometimes roond aboot half five, six o'clock before we got hame at night. Even when you came hame you had to unload the lorries. It was unpaid overtime. But ye had tae dae it for tae keep your job.

But oo were aye fit for tae gaun oot at night. We yaised tae clean the shoes that we had on oor feet tae gaun oot tae the dancin'. We used tae gaun in tae Mrs Young's second-handed shop and buy second-hand shoes fer oor work and odd gloves fur tae gaun oot pickin' the tatties. An' the shoes had tae be cleaned up for us gaun oot at nicht. We wore the same shoes that we bocht oot o' Mrs Young's second-handed shop and oo cleaned them up tae gaun oot at nicht dancin'. Oo didnae care what kind o' shoes they were: they were shoes! There were two o' us wore the ridin' breeches at the tatties—me and Lizzie Rodgers—and that's how we used tae go oot dressed. Whiles we used tae gie them a brush-up at nicht and gaun oot wi' them, the same troosers that we wore in the fields.

And any o' them that smoked and they couldnae afford five Woodbine in the mornin', the fag end used tae gaun roond them a' sittin', gettin' draws each. That's how hard up things were.

We used tae get a sub. They used tae get a sub o' five bob, them that needed it. But ah wis yin o' the weel off yins. Ma faither used tae get the fish money, so ma mother didnae need a sub, ye see! The Angels used tae line up ootside the office and Anna May Thorburn used to be in the office and gie the sub off the money that ye had worked for. Oh, Anna May was a'right, oh, aye, she wis a'right. And in the mornin', if ye had tuppence, ye used tae gaun intae Jack the baker's and get tuppence worth o' the auld teabreid—auld scones or buns— and that was for your denner piece. That wis what ye ate. Sometimes ye were lucky enough to get a pie fae the day before. Ma faither used tae sell fruit on the van an' oo were lucky enough maybe to get an aipple off him if oo seen him. But, naw, fruit! My God Almichty! That wis a thing o' the past.

Hogg had a big business and he made his money oot o' us. Ah left, ah run away and joined the army when ah was seventeen or eighteen, in 1940, beginning of 1941, tae get away fae it. Well, ah didnae exactly run away. Ah went tae Dalkeith and the Labour Exchange was in St Nicholas Hall at the time. Fae the tatties ah went and drove a tractor at Newbattle golf course. Ah think ah wis only aboot three weeks on the golf course when ah hopped oot and doon intae the dole office at St Nicholas and ah joined the army fae there. And it wis aboot a week later that ah told ma mother and father. Ah waited till ma auld man got a drink, ye see. And then a few days later the papers come and ah had tae go tae Penicuik. And that's how ah joined up. I wis glad tae be away fae Hoggie. Oh, dinnae get me wrong. I enjoyed every minute o' bein' a Hoggie's Angel, fae ah started tae ah finished. I loved gaun oot tae the tatties. It was the company. Ye had good company.

Och, oo had a wee bit niggle at yin another, but ah mean we a' yist tae come hame singin'. Oh, we used tae sing in the fields an' a' and comin' on the road hame on the lorry, ye ken, we used tae let go then. The whole place yist tae be turned oot wavin' tae us. Oh, well, it's no' the first time oo've been comin' doon through Bonnyrigg and we were shoutin' and everybody was shoutin' tae us, 'Hoggie's Angels!', and wavin' tae us on the back o' the lorry. We were well known, nae maitter where we went, we were known. Well, we were pretty nice people.

The only thing wis that we got up tae a bit devilment but nothing very serious, nothing at a'.

Comin' home on the lorry at night we used tae sing *Suvla Bay* and a' auld songs like that, *Granny's Hielan' Hame* an'

anything that came intae their mind they yist tae sing. Jenny
Dougall used tae be a great singer. She yist tae start the songs.
And of course everybody else jined in. Here's yin we used tae
sing:

> Ah'll see the day when ah'll be free,
> Bobby Hogg'll no flighter me.
> He may flighter yin and yin an' a',
> He'll no' flighter me 'cause ah'll break his jaw.
>
> It wisnae in the tattie fields he did me ony herm,
> It wisnae the work, the work aboot the ferm.
> The work's sair hard and the pey's ower sma'.
> So tae hell wi' Bobby Hogg and his 1/6d. an' a'.#

Other Voices

JEAN LEAN

It was advertised in the local paper and ah really quite fancied
it. 'Clerkess required'—that was the usual then—'typing',
and what-not. I was sixteen then. That would be 1954.

It wasn't my first job, I was for a year with Adams of Dalkeith,
the butcher. But the wages I got when I went to Hogg were 37/6d.
a week—and ah had that for three years! Never got a rise. Ah had
tae ask for a rise and he gave me shillins. So ah just looked for
somethin' else and ah moved from there to Stewart's Garage, for
£6.10/-. I doubled the wage, aye, doubled the wage.

At Hogg's I wis in charge of the accounts and kept the lorry
books. That meant the lorries took out so many bags of
potatoes, carrots, onions, and ah had to check what they
brought back and how much they should be handin' in. That
was ma job. There were three lorry drivers.

There were two of us in the office, Anna May Thorburn
and me. She looked after the roods and acres and wages—
things like that. She did the accounting side of the business, so
that Jimmy Hogg would know what to pay the farmers. They
would rent out their field to Jimmy Hogg and he put his girls
in and they worked the field. Jimmy Hogg went round a' the
farms, to see where they were goin' to pick next.

Ah think Jimmy Hogg was a shy man. And ah don't think
he drove the Angels awfy hard. Ah think he was kind enough
to them. But he wis, you know, he wis cool. He didnae have
an awfy lot to do wi' them, apart from goin' to see them and
givin' them their wages.

Hoggie's Angels

Jimmy Hogg went fishin'. He used to take time off and go away to Loch Leven fishin'. He was a keen fisherman. I think Bobby went wi' him a couple o' times.

Bobby wisnae workin' then. He had retired when I started there. He would be in his late seventies. But he kept an active interest in the business. He came in maybe three times a week, maybe stayed a couple of hours and got me to run some messages for him. I remember it well—Listreen mouth wash and deodorant! Oh, he wis an awfy clean man, a right clean man. An' ah think he maybe realised that ah wisnae paid a lot because he used to slip me ten shillins to buy myself perfume. But he never increased my wages. Well, he wisnae in charge o' that. It wis Jimmy. Ah don't know if Jimmy wis mean, I think he jist never thought about it. Ah wis there an' I jist don't think he saw the years rollin' by.

Ah can remember a' the local folk used tae come there for their seed potatoes—quarter stone, half stone o' potatoes. The farmers used to come into the yard on market day. They were a' very friendly wi' Bobby and Jimmy Hogg. I enjoyed a' the farmers comin' in.

Every now and again he would bring the girls to the yard and they would riddle the potatoes. And that's the only time I ever came in contact with Hoggie's Angels. I'd say they were women in their thirties, forties mainly. Ah never met any younger than that. Maybe there were younger than that but ah never met any. The girls all came from Dalkeith or the surrounding area.

One of the Angels I can remember was Jessie Middleton. She used tae jist give us some laughs. And Jenny Dougall, she was out in the fields but they eventually brought her intae the yard, for customers comin' in for seed potatoes. She was lame so they thought she would have an easier life in the yard. She was interesting because her brother was a champion horn-player, ah think. She would come in and tell you a' about the competition, which was interesting to me because ma father-in-law was in Dalkeith Brass Band for years, and ma husband when he was a young lad.

Well, ah started at eight in the mornin' and the Angels were away by then. They were away on the lorry and away to the fields before that. They finished before ah did. If it was awful, awful heavy rain they took them home. They didnae work in heavy rain.

I'd say there were about a dozen Angels when I worked at Hogg's. He had the same folk, aye, he had the same a' the time. They didnae leave and chop and change, no' like they do nowadays.

The women weren't in any union. Never heard of a union! Never heard of a union in these days—we didnae anyway. Unions were never mentioned so ah don't know what Hogg's attitude to that would be. They were never mentioned.

It was a nice family-run business. I enjoyed it, I really enjoyed it. I was sorry to leave there.

GEORGE HYND

George Hynd was born in Yorkshire in 1908, third in a family of ten. His father, a Scots monumental sculptor who fought in the Boer War and the 1914–18 War, moved with his wife and family to Lasswade in Midlothian when George was two years old. George left Lasswade school at age fourteen and for the following fifteen or so years he had a series of jobs: butcher's assistant, driver on a poultry farm, time-served grocer, and driver for contractors one of whom employed him for three years on road-widening work in the western Highlands.

Then in 1938 I came back from Ballachulish to Dalkeith and I happened to meet Jimmy Hogg. Jimmy Hogg and another driver there and I used tae go to the dancin' at Penicuik afore we were married. Jimmy was two years older than me. He says, 'Hello, George, I havenae seen you for a long time.' 'No,' I says, 'I've been up in the Highlands, Jimmy, but ah'm finished now.' He says, 'Well, look, I'm no' quite sure but the uncle says he might have to be startin' another driver. Are you interested at all'? So I came down and Mr Hogg started me right away. Oh, I had an interview with Jimmy and his uncle. Of course Jimmy in these days was just like myself, he was jist a driver and jist had to do as he was told. And he had tae roar and bawl jist as Mr Hogg wanted him to do and if he didn't do it he heard about it, ye see. Jimmy didn't like shouting and bawling. No, he was a different fellow altogether. Oh, he was a decent fellow, Jimmy. It would have been a different business if Jimmy had been there all the time. But when his uncle came out roarin' and bawlin' ye could see Jimmy's head droppin' sometimes. He used to shake his head. But he had to go.

Well, as ah say, I started in 1938 and Jimmy and I went away to Peebles. That was the job he gave me there. Jimmy came with me two or three times till I got used to the sellin' and of course me bein' a grocer and handlin' stuff as much it wis really no trouble to me. It was just to know the customers and the rounds and that. And then after that I got the job to go myself, and a young lad with us. In the winter it was twice a week, Tuesday and Friday. But when the new potatoes came on and the rush was on with Peebles gettin' busy for the summer, I've seen us gaun there maybe three and four times a week. The new potatoes always came on for the Beltane Queen week at the end o' June. You could always bank on that.

Oh, we done all the shops and chip shops, cafes and all the hotels. We put a lot o' stuff in the Hydro. Well, Peebles and Cardrona and Innerleithen: that was one journey. It took you the whole day to go round them a'—the hotels and a' that.

Now on the Mondays we done Gorebridge, Newtongrange and that. And on the Wednesdays we done Bonnyrigg, Rosewell and Lasswade and these places, all round about there. Then there was another lorry, he went to Penicuik three and four times in the week too. It was Midlothian and Peebles was the main places for the lorries goin' out sellin' potatoes. We didn't go to East Lothian sellin', or Edinburgh or Kelso and Melrose, no, there was potato merchants down that side.

We went down to East Lothian liftin' potatoes, loads of them. All the new potatoes came up from East Lothian. We used to go down to Seton and Fenton Barns and further down, just before you come into Gullane. You used to go in there a lot. We went the length o' Carfraemill and one or two farms there. Then sometimes if he was at the market he'd maybe get the chance o' several tons o' potatoes maybe further afield than that. And ye'd go get them. We went down the far side o' Galashiels, Selkirk, Melrose, all down there. Up the Soutra way in Midlothian, we had Lawfield and Longfaugh and Somerville of Smeaton and Somerville of Cowden. And then the top side o' Newtongrange and all the farms round about there, Halkerston and these places. We went into Livingston and a few places through in West Lothian. And then we drove a lot from Glasgow when the rationing was on after the War.

In Glasgow you had to bring them from this market place. And you had to be there first thing in the morning for them. Of course, there were lorries from all over. Oh, you were away at six o'clock in the morning.

We picked a lot of potatoes up at Leith. And got them off the waggons in Dalkeith, too, when the rationin' was on. In fact, when the rationin' was on after the War there was potatoes comin' up from England that had the blue dye on them. Well, when the blue dye was sprayed over the top of them—it didn't do you any harm—that was for the pigs' feed. There was more o' that sold for human consumption than what there was the other stuff! Oh, lovely potatoes, sometimes they were Golden Wonders too. It was just when the market says, 'Oh, well, you'll just have to send that load.' And then there was other times again when the people were really buyin' the pigs' stuff. And the pigs were gettin' the best o' the potatoes. You know, it was a right mixture. Oh! I've never seen anythin' like it.

There were a lot of lorries came to Hogg's yard from other firms. Shade from Edinburgh and Andrew Rae came out and Galbraith & Roy, and Wood Ormerod used to come out too.

And then when the rationin' was on, lorries would bring potatoes from England, maybe Southampton or some o' these places. Oh, Hogg's was a good business, there's no' gettin' away from that.

Well, we used to start at half-past six in the mornin' first of all, and then he changed it later on—maybe about a year after that, I think, tae start at eight o'clock. Well, we used tae go out at half-past six and come in tae the yard for our breakfast, see, then go back out again.

There was some heavy work in the mornings. While two lorries were bein' loaded I would get the workers and take them away to the field, maybe all the tools and everything too, away up there and then come straight back again and get our own lorry loaded and away to Peebles or Gorebridge or some o' these places where we used tae go.

There was a boy, oh, just a young boy, jist left the school, with me on the lorry deliverin' the potatoes. Ye see, the boy put the bags to the edge o' the lorry—and, mind, it was hundredweight bags in these days, not the halves that they use now. It would have been a cakewalk goin' round now. I've seen sometimes the boy couldn't pull the bags across. Ye just jumped up yersel'. It was amazin' how they got used tae it. The knack lies in how ye lift the bag. Ye've got tae get it and get the knack o' it, because if ye start and jist pull and pull, then ye're rackin' yerself all the time. Ye've got tae get the knack o' grippin' a bag.

Sometimes it wis a girl on the lorry. Jenny Dougall used tae go wi' me quite often if they were short o' boys. Jenny was strong, oh, aye, and she had a lame leg. A good worker. Jenny was one o' the finest, she was. You never knew sometimes who was goin' wi' you on the lorry, if you were short o' boys. He'd jist send the first girl that was there away with me.

Ye always carried a bag for the money. I've had my pocket out like this! I used tae wear overalls, and the bigger pocket here, and ye had a bag for all your cash. I used to draw quite a bit o' money because I mean you are puttin' out five and six ton o' potatoes—of course, they were much cheaper in these days. It would have been different today. You wouldn't have been able to carry the money about with you.

Potatoes then were only about five shillins a hundredweight bag. There were times when they were fluctuating too. So for five ton that would be about £100 per day for the one load. You could carry about five tons on the lorry, and really by the time that and the vegetables was all on you were carrying about the six ton. It was quite a heavy load but Hogg didn't really believe in puttin' too much on a lorry, you know, oh, no.

It was heavy work—it was the amount o' times ye handled it, ye see. Well, it's now I'm beginnin' to feel all these things. I never really ailed a thing all the time I was workin' until after I retired, and I think I've took everything since I retired. I have a wee bit trouble now. I always feel it's sore down the back o' the spine. I went in tae see the doctor and he says, 'You know, Mr Hynd, you've three or four bad marks on your back. Oh, well,' he says, 'that's liftin' the tatties, hundredweights every time.'

Well, ye'd go down there at half-past six in the mornin' tae the yard and we loaded the lorries that was to load and then I would take the workers away. Or if my lorry needed loaded another driver would take the workers away. But there was mornins again when there was maybe three or four other potato merchants' lorries waitin' for a load of potatoes forbye our own. Well, these girls had to slog into it every time and get these lorries all loaded before they went to the fields. And then ye see there might be a couple or maybe three big lorries wi' fourteen or fifteen ton on—these great big ones, you know. They'd maybe bring them from the south of England to our yard. Oh, we sent potatoes all over the place, all over Britain.

When the seed time came on and all that, my goodness, Dalkeith railway station I think it was us that kept it goin' then. There was one day I mind Mr Hogg came down. He came out roarin' at Jimmy Hogg and I for bein' as long at the station. And, mind you, we came into the yard and our vests and shirts was stickin' right up nearly on the top of our heads wi' carryin' bags. Between the two o' us there were seventy ton o' potatoes—and that's the God's truth. And Jimmy says tae me, 'Geordie,' he says, 'folk'll no' believe ye if ye telt them that we put that on.' Of course, it was just like the lorry was there and this was the railway wagon: we hadnae far tae carry them. It wis jist a case o' puttin' them on your back—and woof!

Well, before ah left Hogg's ah could take a hundredweight o' potatoes and ah could get a hold of the sides, then right up above my head. Willie Bertram, another driver, and I used to do that. We used to practise wi' the 56-pound weights, one at a time. Oh, I was pretty strong and so was Willie. We used to take a hundredweight bag and just lift it on to the lorry like that. It was just the knack all the time. Oh, it was heavy work, but it made no difference to Bobby Hogg. Oh, no difference to him! Oh, he had nae sympathy for us. You could say it was greed drove him on. It was money, money, money.

Oh, my goodness, it was a heavy job! No one could believe what these girls done. Pourin' wet in the fields, slushy up to their knees, girls just left the school and hardly a shoe on their foot, carryin' these bags o' potatoes. Ye see, when the fields was muddy ye couldn't get in wi' the lorries. We had tae stand on the hard road. And the potatoes could be away up there maybe a couple o' hundred yards away and they'd be carryin' them down. Ye'd see them comin' along wi' their backs bent. I've seen them tryin' tae put the bag on tae the lorry and it would slip down and they would go down wi' it. And many a time I jumped down off the lorry and helped them up. As long as auld Bobby wasn't there it wis a'right. But if Bobby had been there, if you had jumped down off the lorry tae help them, you'd hae heard about it! Oh!

When I first went to Hogg's, the conditions for the girls, och, it was unbelievable. I mean, tae tell people as I'm tellin' you now they just wouldn't believe it. At half-past six in the mornin' he used tae go down tae the bottom o' Dalkeith and then any old pairs o' shoes that he saw in a bucket or anything he picked them up and he would bring them up tae the yard. If he seen any o' the girls just comin' up or maybe waitin' on another girl, 'Come on, tae damn. Ye should have been at your work long ago!' They had plenty time but the stick was always goin'. Oh, well, this pokin' business. He wasn't particular just how he poked, especially women, ye know. There was no need for it. But that was a common thing. He even done it in the yard. Oh, he was well known in Dalkeith for doin' that. Oh, what a man he was.

And then in the fields when it rained, the girls were soakin' wet all day. They maybe had had a bit newspaper off their piece or somethin' like that, and that was on their shoulders. Or they got an old torn bag frae the potatoes and got that round their shoulders. And especially when it was windy and wet, oh, my God, blowin' intae them! Some o' them would have Wellinton boots on and toes stickin' out the bottom. Oh, it was unbelievable, to tell you the truth. Ye jist had tae take it and say nothin'. You really felt sorry for them all the time.

When I started wi' Hogg's in 1938 I think there would be about fifteen to twenty girls. That of course depends—the busy part of the season there would be more girls. But there would be fifteen to twenty employed throughout the year. Well, Bel Charters, she done all the sewin' o' the bags. She kept all the bags all nicely sewn and everything. And Mary Sutton and Nellie Baxter and Nellie Boyd and Jessie Middleton—that's some of the old hands. Jenny Dougall was a right good worker. She was in the yard quite a lot and went up to the big house at certain times of the week to do jobs up there. At other times she went with us on the lorry deliverin'. But she'd go out to the fields there and in the winter time I've seen five or six feet o' snow on these potato pits. And it had all to come off. And Jenny there, workin' away just like a man.

There were two or three o' the Angels that old they could hardly get off or get on to the lorry at times. They'd been workin' wi' Hogg for years. I remember Old Minnie. She used to stand at the gate o' the yard. She would never come right into the yard. She stood outside at the corner of the gate, wi' this clay pipe in her mouth, smokin' away. I'm not sure whether she was Irish or no'. She didn't speak much. I think she was a widow.

It was no joke for the Angels travelling back and forward in these lorries in these days. First of all they used to sit wi' their legs just over the side, and this was a long lorry. Of course there was no restriction in law then to what there is now. Later on in years Hogg had to stop that. They were told that everybody on the lorry would have to keep their legs in. So Mr Hogg decided to get a canopy made. And he got a canopy made to go half way along the lorry and they got mostly a' sittin' just close to one another under the canopy, keep their legs in, ye see. It was just a frame wi' a canvas cover, an old hap cover. The girls soon threw it on. It was taken off and put on and taken off. And I used to go away wi' all the workers and all the workin' tools and everything, and them sittin' in this canopy.

But when I first started wi' Hogg, they were sittin' on the open lorry, comin' from Peebles and a' these places, too, and the weather—oh, my goodness! Snow and rain! Ohhh! Belted down.

And in the fields ah've seen them up to the knees in mud.

And the best of it was, you could go down to Dalkeith at night and ye'd see thae same girls wi' their shoes a' cleaned up goin' away to the dancin'! Aye, a' cleaned up.

I remember some of the Angels used to take their young children wi' them tae the fields. That was a common thing. I don't know whether Hogg put a stop to it or not but I think it was one cold mornin' and he was frightened for them maybe runnin' in front o' diggers, you know what children are, if they turned round unexpectedly and just right intae the machine. Ma God, it would ha' been terrible. That happened several times, it did, wi' children bein' in the field. But these new laws comin' in, restrictions, well, it had to be stopped. If any of these children had got hurt look what he would have had to pay out.

There was one Angel was caught wi' the digger one day. Well, she had turned round just too quick as the digger was passin'. And of course these spikes goin' round, just the speed they'd went, it caught the side of her brat and it swung her round. I think she was off for a couple of days. But it could have been worse. If she had turned round a wee bit quicker she would have got the full force right in the face.

The Angels, oh, they'd steal your heart away! Aye, the farmers used to hide everything from the Angels comin'. Of course, whenever they had a break they were through a' the farm! Well, we were in the yard one day and Auld Bobby comes out and he says: 'Jimmy! Jimmy!' And he turns round to me, he says, 'Where's Jimmy, George?' Ah says, 'He's up in the loft. He's sortin' these onions out.' And he goes through and up to the loft and brings Jimmy down. 'We'll have tae go up tae Longfaugh,' he says. 'Thae damned rascals has been stealin' eggs.' So the three of us goes away up tae Longfaugh and he gets out, and the girls their pitchers is all along the wall. And he found out that the eggs was in thae pitchers. And he knocked the whole damn lot of them down wi' his stick. At night time, when I brought the workers back, this wee boy, just employed in the fields for the liftin' o' the potatoes, he was fumblin' away wi' his pitcher. Bobby Hogg had spotted him across the road and he says, 'C'm here, you.' The wee boy come across. He says, 'Ye're lookin' for eggs, Mr Hogg? There's nae eggs in ma pitcher.' Bobby Hogg says, 'You open that pitcher and dinnae be sae damned cheeky.' The wee boy opened the pitcher—and it was a young rabbit it it! 'Aye,' the wee boy says, 'ye cannae break that yin sae easy!'

I did a bit o' hoein' in the fields, as well as the drivin'. Different times o' the year you were out there in the fields either plantin' potatoes or hoein' potatoes and that—supposed to be overtime. We used to go out about six at night and maybe come in about nine or ten o'clock. We used tae go out and shaw turnips, too, for him. He'd buy so much, maybe an acre or two acres maybe at, say, Somerville's farm. It was mostly round about there and Halkerston. And we would go out and show them, bring about forty or fifty halves down, keep them fresh, ye see. Whenever ye was finished ye was back up again. And in the early part of the War we used to go and cut savoys. Oh, that was a cruel job doin' that on a hard frosty mornin'. Ye could hardly handle the damned things. Ye had tae fill these great big bags up wi' savoys. And then he stopped the savoy business—and we were glad, too! Oh, ye could hardly move your hands at times.

In 1938 when I started my wage was about £2.15.0d. to £3, I think. Then the War came on and I was a volunteer but we were supposed to be in a reserved occupation. But as time went on the papers arrived and I was called up and so was one of the other drivers, Willie Bertram. I went in January '41. I was in Transport Command, flyin' back and forward but not stationed abroad. I was demobbed in '45 and I came back to Hogg's. The wages then was £9 odds. The hours were, well, they were starting at eight o'clock in the mornin' till five.

But, mind, we never had any holidays. Christmas Day, New Year's Day—out wi' the lorries. And it didnae matter what you told him—that the shops was all shut—no difference, ye'd tae go oot. Ye'd come back wi' your load jist the same as when you went away. Ye couldnae get it tae the shops. Ye couldnae drum that intae him somehow or other. I couldnae understand him at times. He seemed tae think every day should be a workin' day, even when everybody else wis on holiday. And then he came in one day and when he seen the two lorries standin'—they hadn't sold anything—he says, 'Jimmy, Jimmy, damnit tae hell,' he says, 'oo'll have tae take the holiday.' He says, 'This won't do. It's jist a waste o' time comin' out here.' So it wis—there was nothing doing. People in the yard all standin' lookin' at one another. So he started to give us the Christmas Day and that. And then he started to give us the drivers a week's holidays after that.

Oh, before the War we never knew what it was to get a day off, no. It would be two or three years after the War before he started givin' us Christmas Day and New Year's Day. Everybody round about was all gettin' the holidays then, too—in fact, they were gettin' holidays long before we got a day off! My wife just had tae go away for a holiday with our children. I could never go wi' them.

There was no union whatsoever down there at Hogg's. I think if you had mentioned a trade union you'd have been out the gate! There was nobody at all in a union. It was spoken about often. To tell you the truth I think it was myself that brought that up once or twice. But then again in these days ye darenae mention the thing to Mr Hogg. There were some people would stand and listen to you but not him. He wouldn't listen. And then, you see, you didn't get these union men coming about the same as they do nowadays to factories and all these places. Nobody came to us.

I was in the union before I went to Hogg, aye, Scottish

Horse and Motormen.[20] I'm a life member. It was me that brought the union up, because I was the only one that was in it. But none of them would hear tell of it. I was still a member when I was with Hogg, but the others never bothered. I could never get the other drivers to join. They were too feared, I think that was the whole top and bottom o' it. I never told Hogg I was a union member. You just had to talk on the quiet wi' these things. He didn't know I was in the union. I didn't bother telling my union about the way things were at Hogg's. I knew the way things was it was really hopeless—the sort of man he was! None o' the Angels were in a union. It would have been the Hard Up Union if it was the girls, poor things. Unbelievable, it was. And, mind you, a happy squad, you couldnae get a happier lot o' girls.

When I went first to Hogg there were two lorries. Eventually there were four and that was the maximum number. The two were Leyland Cubs, oh, nice Leylands, substantial lorries, what they called 7-tonners in these days. And then we got an ARF forbye the two Cubs, and we had that for quite a time. It was Foden that made the ARF. It was a brand new lorry, too. Then we had two or three Austins after that. That was one thing—he kept good lorries, oh, aye. But four— that's all ye could get in the garage.

The point about the garage, it was one of those sort o' dilapidated places. And when you came in with a load o' potatoes you were catchin' the corner wi' the bags. And of course the bags was always gettin' torn wi' the force o' the lorry goin' in, although you were goin' slow. The potatoes was all over the place at times. He decided to build a new garage. And, mind ye, Mr Hogg was a joiner tae trade.

And he thought he would build this garage. And I got thae big asbestos sheets for the roof. And after it was all completed we were drivin' in wi' the lorries and he wondered how the bags were still gettin' burst. 'Mr Hogg,' I says, 'it stands to reason.' What?' You know the way he used tae jump at ye. Ah, says, 'Ye've built a new garage but,' ah says, 'it's still the same damn size as it was before ye built it. It's the same as the auld one.' 'Jimmy! Jimmy! Jimmy!' he shouted on him. He says tae Jimmy, 'Did ye ever hear anythin' like this?' This was me he was referrin' to. Jimmy says, 'What's wrong, Geordie?' Ah says, 'The boss's complainin' aboot no' gettin' into the garage. But,' ah says, 'ye must remember he's built it on the same measurements as what the old one wis.' So ah says, 'It stands tae reason we cannae get intae the garage.' 'No,' says Jimmy, 'we'll no' get in if it's jist the same damned size. Uncle,' he says, 'did ye forget that?' Ah, but Uncle never spoke. He took Jimmy away into the office and that was it. He was a man like that. He didn't like you to know anythin' above him. He would get out of it some way or other. He was very arrogant and a' that, oh, aye.

There wis quite a few drivers at Hogg's. Jimmy Harrower was there before me and Willie Bertram. We were the three drivers. And then there was another spare driver forbye, Jimmy Cowan. He went away when the business finished up to Galbraith & Roy. They were potato merchants over at Gilmerton, I think. And there was Willie Baird. He used tae go out wi' me as a boy and I taught him to drive. I taught quite a few boys. And wee Jocky Wilson from Bonnyrigg. I think he's in Australia now. And ye had Jimmy King too. We had other ones forbye. There was Tommy Hodge and there were a chap frae Newtongrange. Some o' them were just there short times.

The garage for the lorries was in the yard. You'd come through the entrance and half way through, that was the big doors o' the garage. Ye just drove straight in. And they shut at night. And then there was another place through at the back o' the pub, the Buck's Head. There was toilets and that. And then there was stables where the horses used to be long ago.

He used to keep a' the carrots and onions in there.

The office was on the right-hand side as ye went in the yard. The window used to look straight up to the windows o' the Council offices. There wis only two in the office—Annie May Thorburn and Jean Lean. Jean went away and Jimmy Hogg's own daughter Maureen was left the school by then and she got the job. Maureen didnae like old Bobby! Annie May was funny. I think Annie May had a share in the business. She was like old Bobby, tae tell ye the truth.

After the War, when it was time for a' the prisoners-of-war goin' home, Jimmy Hogg asked Vincent Bonk to come and stay down there in a little room above the office. He got that until such times as he married Bel Charters. And we were all at the wedding. The place was shut for the afternoon. It was very considerate of Bobby Hogg! But we had the prisoners-of-war workin' in the fields, forbye the girls. They were Germans and Poles, and I think there were some Italians forbye. Ah, well, the Poles, they fought wi' the Germans first, then ah think they went back and started fightin' wi' Russia again. In fact, Russia put some o' them down, as far as I heard. That was from the workers themselves who spoke about that. They had Ukrainians forbye. The Ukrainians were quite good fellows. And I used to go down to Gosford, down the coast there, and to Haddington, and to the Duke of Buccleuch's place[21] to bring up the prisoners that were there. I brought them up every morning and took them back at night again. I would get a cardboard box in the morning and the boss would send me round for so many packets of cigarettes to the shop across the road. Each prisoner got a 10-packet of cigarettes. And I mind this mornin', there was one packet left in the box. Bobby comes out and ah says, 'Mr Hogg, there's one packet left here. Will I just take it?' 'Damnit tae hell, you dinnae need them,' he says, 'I'll take it away.' He wouldnae even give us a fag. But he thought more of the

Germans and the Ukranians than what he did o' his own men that was in the yard. That was him. I think he gave the prisoners the cigarettes to make them work harder. I don't think he had it in him to feel sorry for anyone!

I knew of Bobby Hogg before I got the job wi' him. He was such a smart wee man. I don't think he would be five feet. He was always smart and tidy. And he had the stick. That was his weapon!

I used to go up now and again and trim the grass at his house for him, if we were a wee bit slack, just the same as Jenny Dougall went up to the house. He kept pigeons, these dragoons. He had a long aviary up in his top garden. They were never let out of course.

Mrs Somerville, his second wife, she was a nice person. She used to come into the yard, and she'd just say, 'Fill it up.' And Bobby would come slippin' oot the office—'Jist put a gallon in, just put a gallon in.' His wife was the mother of the two Somervilles of Smeaton and Cowden farms. It was comic that, too. Seemingly she and Bobby Hogg were sittin' havin' dinner one night and they were talkin' about someone that had got married on the spur of the moment. And old Bobby said, 'Well, what's to stop you and I doin' that?' 'Well,' she says, 'why not?' And that's seemingly how it passed. That's all we really heard about it. She was a widow, a very nice person indeed. I remember his first wife—very stout and very sedate like. She was one she would like the walkin' stick, too, a wee bit bossy, seein' that everything was clean.

I worked wi' Hogg right up till about the year before he gave up the business. I got a job with Midlothian County Council driving a tanker. Old Bobby used to come down maybe before lunch, sometimes it wasnae till the afternoon. He used tae walk down to the yard and of course it was more routine, I think, just to walk round. He'd done it for years— and then away back up again. Jimmy had taken over before I left. Oh, it was a different business altogether wi' Jimmy.

I remember one day old Bobby Hogg says to me, 'Now, Geordie,' he says, 'ye ken ye're gaun for the workers.' Ah says, 'Aye.' 'Dinnae let them off out there,' he says, 'bring them right intae the yaird.' 'But,' I says, 'Mr Hogg, what if the traffic lights are against iz?' 'Damn the traffic lights!' he says. 'It'll no' maitter aboot them. You bring the workers intae the yaird.' I was away to Peebles wi' the workers and I told them, I says, 'Now listen, Mr Hogg's been at me and you've not to get off at the traffic lights at the yard. You've got to come right into the yard. So I'm tellin' ye now, if ye've got any tatties or anything,' I says, 'get rid o' them.' So I come back to Dalkeith. As sure as God the traffic lights were at the green, and I just thought it was grand, I would get right round into the yard. But the damned things changed just like that and I had to stop. Of course I stopped out there and of course all the workers they were off the lorry like a shot! Ye ken, Bobby Hogg nearly went oot through me. Jimmy tried to say, 'Uncle, Geordie's got to obey the lights. We've a' got to obey the lights.' But if Bobby had had anything in his head at all he would have told me to turn off at Eskbank and come along Park Road and in. That would have cut out the traffic lights.

To tell the truth it's the workers that put the money in his pocket, 'cause it wasnae his brains that done it. We lost all the Co-op Stores when we was on the Newtongrange round and Gorebridge. We used to do Hunterfield Store, Newtongrange Store and Bonnyrigg and Rosewell, the whole lot o' them. That was a few ton o' potatoes in a day. And it was lost just because he was sellin' them all this muck and slush wi' blight on it. And the smell! Oh, God, you only needed to touch them and the smell was on your hands for days and days, wi' this blight. He was just tryin' to make money. And he made you go on. But ah says, 'Mr Hogg, they're goin' in to a bin, you know, and it's stinkin' the Stores out.' 'Oh, never mind,' he says, 'Get on! Get on! Get on!' That's the way he used to go on. And ye darenae speak back. Well, the Store managers just all got together and let the head ones know in Edinburgh and the word came through that we had to stop puttin' potatoes into the Store. The lorries were only goin' out wi' half their loads on after that. That was a big blow to his business. It made no difference to him though. Oh, he was a tit-bit was Bobby Hogg. No wonder they made oot these songs aboot him!

I remember when Mr Hogg done a very foolish thing. He drew his money and sent it abroad. It was just before I was called up in January 1941. And then there was a big court case.[22] Jimmy picked him up after it in Edinburgh and brought him to the yard. Just as Mr Hogg got out the car someone spoke to him. Jimmy came over to the gate where I was standin'. He wis jist goin' tae start and tell me what was what when Mr Hogg came up and said, 'Well, that's it, Jimmy. But,' he says, 'I'm no' skint yet.' Well, right enough, he wasn't skint, because in about three or four weeks' time after that there were two brand new lorries, chassis, cabin and everything, and we took them down to Maxwell in Musselburgh and they got new platforms put on them to suit ourselves, for the potatoes. Well, he was fined £30,000 down in London and he had a' that money left for two new lorries. Oh, it was a good thing for him, the tatties.

JOHN YOUNG

Durin' the War years there was a period of six weeks you got off school tae work at the tatties. I'm no' quite sure how we come aboot it but I think we were directed fae Dalkeith Burgh school to go tae certain farmers. There was Galbraith & Roy, Hoggie's and Somerville's. Somerville's was always considered the best. I dinnae ken if it wis because my family had chip shops and we bought some tatties off o' Hoggie, but anyway I ended up at Hoggie's.

I worked wi' Hoggie for six weeks. We didnae want tae go tae Hoggie's because everybody preferred tae go tae Somerville's for some reason. But when ye went tae Hoggie's—'Oh, ye're a Hoggie's Angel.' Ah don't suppose we were fully fledged Angels! There wis a lot o' chaffin' in oor family, ye ken, 'Yin o' Hoggie's Angels: we'll need tae watch you,' sort o' thing.

I would be ten, eleven, twelve in that time. It was about 1943, '42. I think it was the October time. We were at Hoggie's yard for startin' at seven o'clock in the mornin'. Ah really couldnae say how many schoolchildren were there but, oh, it wis a guid twa or three. Ye went oot wi' yer auld claes on an' yer bits. We used to jump on the lorry wi' the Angels and sing songs, oh, various wartime songs.

The work—well, we were young and the Angels showed us what tae dae wi' our brat, how tae strap it on. The Angels were good company and they kept us right on many's a thing. Ah'm no' sure, ah might be wrong, but we kent the Angels through the chip shop tae, ken, we a' lived in close proximity. They were Dalkeith folk and ye spoke to each other and ye spoke aboot them. There wis a lassie Gallacher. And then there wis Nellie MacNamara wis her merrit name. She wis blonde and a nice good lookin' woman. I mind o' the Stoddarts and I mind o' Jenny Dougall. Mrs Sweeney was another yin, a weel kent tattie howker. She met a tragic death. She fell off the lorry and died.[23]

They used tae get up tae some terrible pranks in the fields, the schoolchildren. Well, for example, they used to look oot for a big stane and plant it in the tattie dreels so that when the digger come along it jumped the digger: ye got a brek.

I remember workin' wi' Alex Shanks. Alex Shanks come fae Lawfield Farm, him and I were very friendly at school. And Alex comin' fae a farm—worked wi' Hoggie's, strange tae say—he wis familiar wi' horses. So he got tae draw the harries efter the digger had come up and turned oot the tatties.

And old Jimmy Clerk the gaffer used tae keep houndin' them on. And ye jist seemed tae get yer stent cleaned up and along would come Alex wi' the harries. And ah can aye mind o' sayin' tae Alex—he was jist a laddie, same as masel'—'Will ye no' take yer time wi' the harries? Slow doon, slow doon.' And of course Jimmy Clerk the gaffer was shoutin', 'Hurry up, hurry up! Get roond wi' thae harries!' Jimmy Clerk jist kept ee workin' and as long as ee kept workin' ah dinnae think Jimmy Clark bothered, as long as he wis gettin' the fields cleaned and everythin' like that. Ah think he drove the workers fairly hard: get the tractor and get the harrows roond at the back and you were gaun like the clappers tae try and keep up. If it wis a good day it wis warm work.

Ye carried on workin' even when it was rainin'. I think the thing about Somerville's wis ye could get back to the barn if it come on rain because he wis liftin' his ain fields. Whereas if ye were wi' Hoggie and it come on rain that was it.

But it seemed tae be quite an enjoyable time as far as ah can recollect. There were some laughs and tears in the field. I can remember gettin' lost. Jimmy Clerk telt us tae go tae a field. Ah says, 'Ah'll go along wi' Alex Shanks.' And we got on the back o' this horse bareback and dragged thir harrows, I think it wis fae Rosewell past Cairrington. And Jimmy Clerk had said, 'The field's at a cross roads.' Well, it wis actually at a T-junction and the cross-roads he meant wis the road intae the field. So oo missed it and oo went away for about a whole day wi' the harrows! We were about at Dalkeith wi' the harrows! Alex Shanks wis just draggin' it along the road. What he done wis, he turned the harrows upside doon. So we were beginnin' tae get a bit panicky, because it wis gettin' well on. Oh, Jimmy Clerk was jumpin' up and doon and was gaun tae sack us. What saved Shanks was he could drive the horse and work the harries. What saved me was 'cause we had the chip shop and we bought some tatties off o' Hoggie.

Ma mother and faither had the chip shop. Well, there wis chip shops in oor family gaun right back tae before the First World War wi' ma granny. Then ma uncles were in the chip game. Then ma father had two chip vans, horse and cairts. Ma mother worked one van and ma father worked the other one. And then they purchased ah think it wis cried the Central Cafe. And there wis Hoggie a potato merchant and Tommy Porteous another potato merchant. Something that would maybe gie ye an idea o' the times is, the tattie merchants would come up the street and they would go intae the shops like the wee green-grocers and the chip shops and they would say, 'How many bags the day?' And they quoted their price. So ma faither says tae Tommy Porteous, 'Right, Tam, what kind are they—Kerr's Pinks?' 'Aye.' 'Pit them in.' So Tammy had just got the ton o' tatties unloaded intae the chip shop and Jimmy Hogg come doon the street. And heez wis aboot sixpence a ton cheaper. So ma faither wanted Hogg's tatties. So puir Tammy Porteous had tae empty a' the tatties oot the shop and put them back on the cairt! And Jimmy Hogg got the order for the tatties for aboot a tanner. Virtually Tommy Porteous shifted twa ton o' tatties for nothin'. But it wis keen in thae days, it really wis.

Ma granny Young started away the whole business. She bought the chip shop, started away in the chip shop, then converted it tae a second-hand shop. She was the business woman o' the family. Ma grandfather Young had been severely wounded durin' the First World War and jist shuffled up the street. He used tae come fae the hoose and sit ootside the second-hand shop and gie bairns pennies and pan drops when they passed. He wis noted for that. Now ah can jist mind o' ma granny Young aboot 1937–8–9. She died in 1939 at the outset o' War. Ah wis in aboot the shop when ma uncle was there. It wis passed on through the family. And ye can mind things aboot the gloves, the shoes, the waistcoats and things like that.

The second-hand shop was in the High Street. It selt a' types o' claes. And again it wis indicative o' the times, ah mean, we selt glasses. We had a massive box o' glasses. Ah dinnae think we ever seen the bottom o' that box. And folk tried the glasses on. There wis aye a box o' teeth lyin' on the coonter. There wis nae National Health. We selt false teeth oot the deid's mooth. Well, it would appear tae be their relatives selt us the teeth. I got that impression: it wis fae the deid. Folk wid come in and try them on: 'They're a bit ticht.' It seems disgustin' in this day and age but it wis the same wi' glasses. Times were hard.

Ah can mind o' Hoggie's Angels comin' in when ma father had the second-hand shop and fae time tae time ah used tae give him a hand. The Angels come in and purchased the gloves. They werenae matchin' gloves. They were jist odds and sods. And how we got thae gloves—Aitken's saleroom in the High Street in Edinburgh. There wis always a lost property sale handed in wi' the police. So ee got boxes o' gloves for aboot five shillins and selt them at a tanner or a shillin' a glove. There wis quite a vast profit in it. I think everybody benefited 'cause the gloves were cheap and they were good gloves, a lot o' them were good gloves.

It's a possibility that Hoggie's Angels took gloves fae oor second-hand shop without payin' for them. Maybe we jist chose to ignore it, 'cause ah mean there wis a lot o' things went on. Business people helped the poorer fae time tae time in their ain weys. Ah've heard it said that sometimes they ignored things that they kent wis gaun on jist because they happened tae be hard times.

Ah kent Jimmy Hogg, because Jimmy come doon aboot the toon canvassin' for sales. Jimmy aye had a biler suit on sort o' style and mair workmanlike. Ma mother and faither aye had a good word for Jimmy Hogg. Ah never heard ma mother and faither misca' him. It wis aye, 'Nice chap, Jimmy Hogg.'

I remember Bobby Hogg. He wis always a wee smart man, tidy dressed. He appeared tae have a squeaky voice. Ah kent nae mair aboot him than that. Ah didnae think he wis as important a man, in ma youth, as what Jimmy wis, because Jimmy seemed to be the gaffer.

Ah can mind as a wee laddie o' gettin' sent up fae the chip shop tae Hoggie's yaird wi' the accounts. If the account come tae, say, £1.18.3d.or £1.9.6d. it wis expected oo'd get something back off the account, even if it wis a tanner. It wis deliberately done on oor part, tae send up masel' wi' the accoont. The first question ye were asked when ye got back wis, 'Did ee get anythin'?' And ye'd say, 'Ah got a tanner' or 'Ah got thruppence'—'That's a'right.' Ah dinnae think they minded peyin' the big bill, the £1.18/- or the £1.9/-. But they objected tae Hoggie takin' the tanner!

Ah can mind there wis a bit o' a scandal concernin' the income tax. Ah dinnae think he did hissel any good in the light o' the fact that he wis tryin' tae defeat the War cause. Patriotic feelins were runnin' very high in the country at that particular time. The fact that we happened to be at war and Hoggie had tried tae work one on the British government and as many chaps in the sojers, ah think this didnae dae his image any good. Ah jist mind o' talk in the faimly. They thocht, 'Aw, that's terrible.'

In later days Hoggie's business it jist went doon and ye jist suddenly heard, 'Oh, that's Hoggie's got selt.'[24]

GEORGE ADAMS

Our kitchenette window at 6 High Street looked right intae Hoggie's yard, right across the tin roof. I can remember as a boy—that was in the 1920s—looking out the kitchen window. Well, in the morning it was an awfy noise, of course, wi' a' the girls shoutin' and he was shoutin' frae up the stair. Bobby, Auld Bobby hissel', used tae stand up on the outside stair, shoutin' the odds about the girls.

But before that ye had a battle tryin' tae get intae yer paper shop in the mornin'. The girls went over tae the paper shop and then they came intae the yard. They started work at the back o' seven. They used tae take their kids for their cigarettes, their Woodbine. The shop used tae sell them loose. A' the kids—they were under school age—yaised tae go wi' them tae the fields.

The girls' children that came intae the yard wi' them were under school age, definitely under school age. There were a load o' them. There would be twelve or twenty o' them at least. As ah say, ye couldnae get intae the paper shop for them. These wee ones were taken up to the yard at startin' time in the mornin' and they were there a' day whatever weather it wis. They put them on the lorry and took them wi' them intae the fields, 'cause there were nobody tae look after the kids. I didnae know any o' the children myself. They came frae a' ower the place. I didnae have any o' ma friends among them. I jist knew the girls myself but no' tae speak tae. I jist knew Alice Thomson, she wis one o' the few. But I aye remember Bobby Hogg shoutin' the odds there.

I've seen Hogg runnin' down the front street, shoutin' at them across intae the shop in the High Street, runnin' across and giein' them a shout there, 'cause the motor used tae be waitin' for them tae take them away.

I used tae see them doon the bottom loadin' their bags, empty bags in bundles, and takin' them away wi' them tae the fields, wi' George Hynd and them drivin'. I can remember a' that vividly as a wee laddie. I didnae stand at the window every mornin'. Well, ye got used tae it and ye never thought nothin' aboot it. But ye heard them.

I lived there at 6 High Street from 1922 till 1975. The sink was in the kitchen, because it wasnae a modern house as they are now. The tin roof went right across the front, where they used tae keep the lorries in Hogg's yard. That was the garage. They had horses and carts when I first remember lookin' out our window. That was the 1920s. Because I remember ma mother saying, 'We dinnae get the flies now here when the horses isnae there,' when they stopped it. We could never get oor windaes open for flies before that—and the smell! So they had horses and carts until the 1920s and then they went on tae lorries.

There was a lot of rats going around. I lived in the same house after I got married. My wife used to open the window from the bottom but then we had so many rats going around at one time—oh, aye, it wis bad doon below, ye could see them. There was two sleeper planks lay on that tin roof for ages and my wife used to say that the rats played tig on it. There was a piece of ground between that tin shed and Young's the fruiterer's doon below us. Well, that space of ground, they always said it was no man's land. We used to get bushes growin' up the height of our window but Young said it didnae belong to him and Hogg said it didnae belong to him. So it used tae jist go wild. But I can remember Alice Woodcock, one of Hoggie's Angels, coming round one day, killing a huge rat that was running round at the bottom. We even had the refuse bin uplifted because o' the squealin' o' the rats goin' intae it. It wis comin' frae Hoggie's of course, plus the fruit from Young's. They had plenty of food. And then they used tae get the mice doon below.

The yard was fairly crowded, oh, there werenae much space. You can see the space now, it's no' very big. It was neatly organised, and the office wis jist on the right-hand side as ye went in.

At night time they used tae have the boxin' booth in the yard. We used tae sit and watch them frae the window daein' that. But the boxin' had nothin' tae do wi' Hogg. He jist gave the yard, ah think, and they used tae have practisin'. They had a punch bag up tae the ceilin' and they used tae practise. It wis jist the Dalkeith boxin' club, two or three o' them havin' a bit fun. Joe Haggerty, he was yin' o' them, and Tony McDonald was another one. We used tae watch them doin' that at night time.

Very, very seldom ye used tae see Bobby Hogg about the town. He lived up in Park Road. He wis a wee boy, he wisnae tall, a wee, wee man, and a loud mouth of course. He wis always shoutin' the odds, always shoutin'. I couldnae say if he had any sporting activities or anythin' like that outside o' his business. I don't think he had. I don't remember ma parents speakin' about him. We had nothin' tae do wi' him at a'. I just saw him occasionally in the street. But I never spoke to him. Jimmy Hogg I just knew he worked there. I never had any contact wi' him. I wis never friendly wi' any o' them. The only one I really knew to speak to was Anna May Thorburn. She was a good member o' our church as well, a good singer in the choir, and still is actually, she's still in the choir. She's bound to be over eighty now, far older than me. She went tae the same church—St Nicholas—as us, and her and ma father were friendly, and ma brother and sister they sang in the choir along wi' Anna May. That's how we knew her. I think she wis in Hogg's nearly a' her workin' life.

Auld Minnie used tae live up the close beside the sweetie shop. Well, ma wife's uncle Willie, he started a coal business and he went up tae Auld Minnie's wi' coal. They had no coal hoose, jist used tae drop it on the floor. And one day he drapped a bag on the floor and it went right through the floor, right doon below. That shows you the state o' thae hooses.[25]

I remember the pawnshop. It was in The Wynd. The Wicket ran the other way. Oh, the pawnshop was an important place in Dalkeith, it really was, because they used to queue up there. They had the three big brass balls outside the shop.

One o' the lodgin' houses was jist right across from that. I remember the lodgin' houses in The Wicket. There were Black's, and Shaw and Miskiewicz. But there wis Reynolds' before that. Miskiewicz wis a toffy-roll, aye, a Pole. What a smell used tae come oot o' it as well, tae! I wis never in any o' the lodgin' hooses—the smell wis enough. It wis enough tae kill a bear. My wife's uncle Willie used tae deliver coal to them.

They were nearly a' Irish that lived in the lodgin' houses. But, mind you, they never bothered naebody. They always had a bit fight on a Friday night or a Saturday but it was nothin'. They were a' farm workers or else the likes o' labourers wi' Monteith the builders and things like that. I've seen the police used tae take them away in a barrae. They hadna a motor or anythin' in thae days but if any o' them were lifted for bein' drunk they had a two-wheeled barra they used tae bring roond frae the police station and whip them away in that. Ah can't remember women bein' in the lodgin' houses, it wis jist a' men. The lodgin' houses were there till they were demolished aboot the late 1950s.

I knew a whole lot o' the Angels jist by sight but I didnae know their names. They wore the oldest clothes in the world, old raincoats tied wi' a bit o' string, a sack, a hessian sack jist tied roond aboot them.

I often wish I had kept that wee bit o' paper I got about Hoggie's court case when oo was on the boat goin' to the Middle East. He was fined about £30,000. I was in the Air Force. I came home frae France in May 1940 and I was away again the month of May 1941. Ah wis thirteen weeks on the boat goin' to the Middle East and I was halfway across the water when ah read the wee bit paper that mornin'. So that court case happened about June 1941. The radio man on the ship, if he got any special news, maybe once or twice a week, they published this wee bit slips o' paper, well, dozens o' them, and we a' got one each. And it wis that mornin' ah got it and it wis aboot Hoggie the tattie merchant in Dalkeith and wis for tax evasion. And it told ye aboot this. And when we got intae Egypt, in the first letter ah wrote home I said I had read this in the paper.[26]

TOM MCCANN

When I come out of the army after the War, I started up a
mobile fish and chip van. And that was when ah come in
contact with Hoggie himself. I knew of Hogg and Hoggie's
Angels, of course, having been brought up in Dalkeith.

We just had the business for a short time. It wasnae for a
long span o' years but long enough to have got to know him
and quite a lot of the girls that worked with him.

There were several chip shops in Dalkeith at that time and
several chip vans goin' about. And of course Hoggie he wis
one o' the main suppliers. But there was another supplier also
in Dalkeith—that was Porteous the potato merchant. Actu-
ally they're still trading in and around Dalkeith yet but they
moved from Dalkeith up to Dalhousie Chesters in Bonnyrigg.
There was a wee bit competition between Porteous and
Hoggie to get round all their outlets to get the trade.

Hoggie would be runnin' round one side o' the street to
catch as many as he could, and Porteous got round the other
side. And of course at times people with the shops were
taking in large amounts of potatoes if they were cheap
enough. Porteous or Hoggie come along and said, 'Oh,
how much have you paid for them? I'll knock thruppence
a bag off them.' A bag was a hundredweight at that time. And
he would actually put in another ton for ye and ye had tae get
on the phone and tell the other character to come along and
lift his ton o' potatoes up—he was too dear. So even in those
days there was a price war goin' on.

There were occasions when we did run out o' potatoes and we had to go round to the yard for them. I would go into the yard and say I wanted maybe another three or four or five bags just to keep goin'. I would have the car with me and start to put them in the back o' the car. But wee Bobby would insist, 'Oh, no, no, no, that's not for you. You're the customer. That's what these lassies are here for.' And of course I used tae feel a bit embarrassed standin', a big fit man, and these lassies liftin' bags o' tatties and puttin' them into yer car.

The lassies varied in age, fae some of them sixteen, eighteen up tae forty-five, some of them older women, quite older women. It was nae problem for the older women to lift hundredweight bags o' potatoes. But on the lorry itself that used to come down, Bobby had a nephew that had been in the Forces. I don't know if it wis when he was on leave or when he was demobbed, anyway he wis goin' round in the lorry sometimes. I think his name was Bobby. Jimmy was the nephew that worked in the yard for a long, long time. I used to feel sorry for this young Bobby because the chap could hardly lift a bag o' sugar, far less a bag o' potatoes. And of course these young lassies used to think it wis quite funny seein' him strugglin'. At the finish up they were havin' tae go and lift it. And by the time they'd loaded a truck—I'm talkin' about maybe five, seven, maybe ten ton o' potatoes, which is quite a lot o' liftin'—well, young Bobby was fit enough to be in the Forces but he wisnae fit enough tae work wi' Hoggie for very long.

We had a yard in White Hart Street, where we garaged the van and did our preparations. Hoggie had his yard just a few yards along in Buccleuch Street. So when you walked round to his yard and ordered the potatoes Hoggie used to tell the girls to load them on to a barrow and wheel them out along Buccleuch Street and down White Hart Street into your yard for ye.

Hoggie's Angels

Hoggie's Angels were well known throughout Dalkeith and all surrounding districts—well known in some ways and notorious in others. When the girls come back at night tae his yard it wisnae a sort o' civic reception for them, but there wis always people on the street, and of course the girls were always singin' and shoutin'. And the people on the street, well, they were givin' them all a cheer when they passed.

We just used to meet the girls at dances in the drill hall and Masonic Hall, dances in the Palace Hall—the Palace Cinema had a dance hall above it. Dalkeith had four or five dance halls. You met the Angels when they were out at the Friday night dances or Saturday nights. Most o' the stories they used to tell you were that when they were out in the fields and they were at their lunch times they were gettin' in beside the steadings or anywhere the hens wis about, and they were taking any odd eggs that were lying about and shoving them into their pitcher. At that time, well, there were thermos flasks but the type of job it was the thermos flask just didnae stand up to the hard usage they got. So the normal thing was the girls carried pitchers and they used to try and fill the pitchers up wi' eggs or any odds and ends that were lyin' about.

And of course Hoggie was always keepin' a sharp eye out for those helpin' themselves tae his potatoes. The girls used to have all sorts o' weird and wonderful ways o' smugglin' the potatoes. They used tae leave them at the side o' the hedge if they were workin' locally and then go back at night and pick them up. Of course there was no way that they would go into the lorry wi' a wee drop o' potatoes for themselves because they knew what would happen: Hoggie would either be chargin' them for them or givin' them the sack. It was as simple as that then.

I cannae remember any o' the girls gettin' the sack for takin' potatoes. But I remember a few that were in tears about gettin' caught out, gettin' them ready for bein' taken home. And Bobby, while he was quite small in stature, could have some o' these big robust girls in tears, gave them a dressin' down and told them all how bad it was to take other people's property, even if it was only two or three potatoes.

Bobby was always kickin' about his yard unless he was away out wi' the farmers negotiatin' about pickin' the potatoes and that. And Miss Thorburn—Annie May, as she wis known in the area—she was more or less the pillar o' the business. She kept all the books, did all the wages, and all the clerical work. And if Bobby couldn't answer any question Anna May would put you right, as far as price, supplies and things like that were concerned. Oh, she was a very efficient person, Anna May.[27]

Old Jimmy Clark, he was one o' the bosses. He was an Irish chappie, a very conscientious chappie as far as Hoggie was concerned. I think the girls respected Jimmy Clark in two ways. I'm not sure whether it was because o' fear or because o' kindness but he certainly got the work done for Hoggie. Old Jimmy was a typical old conscientious worker.

My recollection of wee Bobby Hogg was that he was always in one o' these tweed suits, and a big pair o' shepherd boots. And he was always there standin' like the captain o' the vessel, waitin' tae see his workers comin' in in the mornin'. Of course if they were comin' in a couple o' minutes late they were holdin' up the lorry and they didnae get a very good reception. They would load up the lorry and Bobby used to go out—there were no traffic lights at the Buccleuch Street/High Street junction at that time—and stand in the middle o' the road, put both his hands out and hold up a' the traffic till his lorries got out and away on to the job. It didnae matter as long as he wisnae held up, ye know.

I was a Dalkeith town councillor for the best part of twenty-odd years. But I haven't any recollections o' Hoggie havin' any association with any of the organisations in the town at all, political or churchwise. I think it was his business that was his be-all and end-all as far as he was concerned. I think that was what he lived for. He kept himself to himself very much. I think he was very much of a loner.

NOTES

1 The Buck's Head pub is now called The Stonehouse.
2 Since Mrs Landells recorded these recollections Tom Martin's shop in the High Street has been replaced by another, Thompson's Sports Centre.
3 I.e., the home farm on the Duke of Buccleuch's estate at Dalkeith Palace.
4 Mrs Landells may be mistaken about the amount of pay: other Angels' recollections of the 1920s indicate that pay then was between ten and twelve shillings a week—see, e.g., above, pp. 14, 16, 26.
5 In June 1941 Robert Hogg had two fines each of £15,000 imposed on him at Mansion House and Bow Street Police Courts in London for breaches of the Defence (Finance) Regulations. The first fine was for failing to register with the Bank of England securities held by him in the United States of America worth £29,107. The second fine was for failing to offer for sale to the Treasury 26,822 American dollars (worth £6,655). At Bow Street the magistrate, Sir Robert Dummett, in remanding him in custody for a week before sentencing him, told Hogg: 'I can see no sort of excuse for this offence for, utterly regardless of your country's welfare, you took this selfish step at the very beginning of the war, having ascertained the position beforehand, to see that your wretched money should never be of any good to anybody but yourself.' Sentencing Hogg a week later to the fine of £15,000, Sir Robert told him: 'You have had a week's loss of freedom and I say you deserved that loss of freedom. I think this is one of the worst cases I have come across, and I have come across some pretty bad ones, in connection with breaches of the Defence Regulations.

You have earned the contempt of every man who knows the facts of this case. You are as bad as an enemy to this country. I have to consider whether, at your age, I should send you to prison or leave you free to know that every decent person who meets you will feel the same contempt for you as I do. I have decided that perhaps the latter will be the better course.' Hogg was given fourteen days to pay that fine. The previous day, he had been sentenced to a similar fine at Mansion House Police Court by the Lord Mayor of London, Sir George Wilkinson, for failing to register with the Bank of England his American securities. Sir George told Hogg: 'Anybody who does not help the country when he has the power to help is an enemy of the country. You have done something which interferes with the prosecution of the war.' Hogg was told he had laid himself open to a fine of £87,321, three times the value of his assets. 'I am, however,' said Sir George, 'only going to inflict a fine of £15,000. If the leniency of the fine is criticised at all it is because I have taken your means into consideration.' Hogg's agent told the court: 'There is no defence to this charge. This man is 61 and has accumulated his money entirely by hard work.' (He failed to say how much of the hard work was that of the Angels.) Hogg, it was said, had £10,000 in assets in Britain and a total of £24,655 that had been paid to him by the Treasury for the value of his American assets. *Scotsman*, 20 and 21 June 1941. See also above, p.

6 Hogg died on 19 July 1959 while on holiday in England, and was buried in Dalkeith cemetery three days later. The obituary in the local weekly paper said: 'Mr Hogg was connected with the firm of James Hogg, potato merchants, Buccleuch Street, Dalkeith, and he was well known among farmers and dealers throughout the county and farther afield. The business is one of the largest of its kind in Midlothian. Of a quiet unassuming nature, Mr Hogg was a member of St Nicholas' Church.' *Midlothian Advertiser*, 24 July 1959.

7 The Bantams were special battalions in the 1914–18 War for very short men.

8 The Ever Ready works was at Eskbank, Dalkeith.

Notes

9 Mrs Boyd's sister-in-law Miss Ruby Boyd worked with Hogg's for a number of years but felt she could add little from her own experiences there to the recollections of Mrs Boyd. But about the injury to her back she recalled: 'Well, ah wis carryin' a hunderweight bag to the motor outside. Ah went tae turn round and ma back sort o' snapped, ye ken, and ah dropped the bag o' potataes. Ah couldnae hardly straighten ma back and ah'd tae gaun hame. And ah had tae git the doctor and it wis a slipped disc. That's what really caused it, the bag o' tatties. Ah never got a penny compensation, never got any compensation or nothing. Ah got a corset frae the Royal Infirmary and ah had tae wear it tae straighten up the back. And then after that ah went back a wee while again tae Hoggie's. Ah've still got a board in ma bed yit for ma back. Ah cannae lie on the soft mattress or anything like that. Ah have the board underneath tae keep it firm an' that.' Interview, 1 May 1988.

10 Parish or poor relief was administered from 1894 until 1929 by elected Parish Councils and after 1929 by county councils and large burghs that administered relief through their Public Assistance Committees.

11 According to his obituary in the *Midlothian Advertiser*, Hogg was a member of St Nicholas' Church, Dalkeith.

12 N.A.A.F.I. = National Army and Air Force Institute, which provided canteens for the Forces. A.T.S. = Auxiliary Territorial Service, later the Women's Royal Army Corps.

13 Henry Hall (1898–1989), well known B.B.C. radio dance band leader from the 1920s onward.

14 The Women's Land Army was formed in 1939 at, or shortly before, the outbreak of the Second World War and its members took the place of male farm workers who joined the Forces.

15 I.e., domestic service.

16 I.e., the Empire Theatre, in recent decades a bingo hall, now the Festival Theatre.

17 I.e., Princes Street Gardens.

18 See above, Note 6.

19 Labour won control of Dalkeith Burgh council in 1935. Gibral-

tar Gardens had been built by then; Shadepark and Woodburn were built from around that year onward.

20 The Scottish Horse and Motormen's Association was formed in 1898 and (as the Scottish Commercial Motormen's Union) amalgamated in 1971 with the Transport & General Workers' Union.

21 I.e., at Dalkeith Palace.

22 The court case was in June 1941—see above, Note 5.

23 Mrs Sweeney was killed when employed not by Hogg's but by Galbraith & Roy, potato merchants.

24 Hogg's was sold in 1965 to Galbraith & Roy, potato merchants.

25 Old Minnie was apparently Jemima McDonald, who was unmarried, belonged to the Highlands (probably Skye) where her father had been a stone-dresser, and died aged 91 on 24 January 1948.

26 George Adams' recollection enabled the report of the court case to be found in the *Scotsman*—see above, Note 5.

27 Miss Anna May Thorburn died in May 1992 in her 92nd year. Her obituary in the Dalkeith *Advertiser* of 4 June 1992 included a reference to 'her long involvement with Hogg's Potato Merchants as a company director.'

GLOSSARY

abune	above
ahint	behind
bealin'	festering
ben	through
bide	stay
bilin'	boiling
brat	a coarse apron
breid	bread
brock	small potatoes
buroo, broo	job centre
churles	small coal
claes	clothes
clockers	cockroaches
cry	call, name
dander	stroll, saunter
dreel	row
ee	you
fae, frae	from
flighter	frighten
forbye	besides
forpit	3 ½ lbs
forrit	forward
fower	four
gaun	go, going
gied	gave
graip	fork
greet	cry
grieve	overseer, foreman

hail	whole
hap	cover
harries	harrows
hems/haims:	
hae [have] the on	curb, keep in order
howin'	hoeing
howk	dig
ingins	onions
iz	we
ken	know
locust	livestock cake made of locust bean or carob meal
lowsed	finished work
messages	shopping
neeps	turnips
oo	we
ootbye	out in the fields
peirs	pears
piece	sandwiches, food
posie	a heap or pile
scaffie	street-sweeper
shawin'	cutting off the stalks and leaves of turnips
shuck	debris or discards
sparable	a small headless nail used by shoemakers
stent	allotted task or ground to be worked
stoury	dusty
tatties	potatoes
tears	fun, jokes
tick	mattress cover
tim	empty
wa'	wall
ware	large cooking potatoes
wir	our